I Narratori / Feltrinelli

VINICIO CAPOSSELA

VS

VINCENZO COSTANTINO

IN CLANDESTINITÀ

MR PALL INCONTRA MR MALL

Feltrinelli

Prima edizione ne “I Narratori” maggio 2009

Stampa Grafica Sipiel Milano

ISBN 978-88-07-01785-8

Foto di:
Marco Stefanin
Chicco De Luigi
Kimberly Mc Kean
Francesca Leoncini
Luca Giampetruzzi
Silvio Siciliano

Ogni sforzo è stato compiuto nel tentativo di rintracciare i detentori dei diritti delle opere qui riprodotte. Qualsiasi omissione è dunque inintenzionale, e l'editore sarà lieto, nel caso di segnalazioni di errori o imprecisioni, di apportare le dovute correzioni nelle eventuali ristampe del libro.

“Il passato il danno l’ha già prodotto, ora può solo diventare poesia.”
Ad Annalisa, al suo sostegno dall’angolo per tutti i round affrontati con coraggio.

Allora Vincenzo Costantino aveva molti nomi, e con molti nomi finiva sulla carta. Che bisogna dire che all'epoca beveva più di quanto scrivesse, e i suoi fuochi d'artificio erano tutti negli atti. Era la colata lavica mentre accade, e io gli facevo spesso da biografo e sismografo, con la mia fissazione di non smarrire niente, e di sentire il lavoro continuo della spugna, che tutto fa perdere. Allora mi ingegnavo a scriverne. A prendere appunti. E finiva che scrivendo parlavo per bocca sua. Del resto il suo tono aveva qualcosa della letteratura, solo che era letteratura prima che si solidifichi sulla carta. Però, ecco, era un'amicizia che dava un tono letterario alle vicende, che sempre si intridevano del mio invincibile senso di miseria. In questo senso Enso, Caarlo, Cinaski, il Vecchio, Cina, Ciàina, Vincent e tutti insomma i nomi che gli si attaccavano addosso, era causa di questa condizione e anche la cura.

Perché accanto al fastidio delle sue sparate, dei suoi e dei miei eccessi, delle situazioni a cui si arriva quando si dice che è più la fatica che il gusto, insieme alle sue macchine scalciate, c'è sempre stato anche "quello più grosso di me". L'uomo, con la sua bussola per orientarsi tra le trappole e le tentazioni. In questo senso egli è felino, tra i felini che dice di amare. (A distanza, dato che non ne ha mai avuto uno.) Come loro saggia le cose con la zampetta, valuta. E sa lasciar perdere. Dicevo allora di questo senso di orientamento, e soprattutto questo senso del Buonumore. Enso è sempre stato il compagno che ha quei quattro accorgimenti che ti fanno stare meglio. Che ti fanno accorgere delle cose. Che c'è una radio nella stanza, e il suo dito a cono sa sempre scovare la stazione giusta, che quella marca di pane da toast, o di tonno, è meglio di quell'altra, ed era un conforto farsi un giro insieme al supermercato... ora la spesa se la fa portare direttamente a casa. Che insomma, sa fare storia della storia, sia essa piccola o grande, che ha questo sguardo disilluso, dolente, comprensivo e rielaboratore che ti conforta come una vecchia giacca da marinaio.

Sei a spasso con lui, e già ti senti nella pagina che scriverai. La maggior parte di quelle pagine non sono mai state scritte, ma hanno dato un tono epico alla vita mentre accadeva. E col tempo hanno edificato un mondo del tutto immaginario e personale, però solido. Quanto di più prezioso si possa avere, che a volte arriva a coincidere col proprio senso di identità.

Quando si inizia ad aver percorso un certo numero di anni, ecco che si ha il privilegio, che solo il tempo concede, di avere assistito al compiersi di alcune strade, di alcune vicende. Anche se non sono la parte più consistente della tua vita, dà sicurezza sapere che ci sono, che si può dare un'occhiata a dove quei cammini sono finiti.

Sono come quelle colonne delle cartine antiche, fanno la nostra geografia. O come diceva Sam Elliott, il tizio coi baffi nel finale de *Il grande Lebowski*, fa piacere sapere che il Drugo, the Dude, è in città.

E anche a me fa piacere sapere che Caarlo è in città, e ci sono andato diverse volte a raggiungerlo, in bermuda, nel conforto dell'aria condizionata, in quei suoi vasti supermercati a comprare la panna liquida, mentre fuori è caldo e insensatezza. O infilarsi al cinema a vedere *Mosche da bar* di Steve Buscemi, o finire nel bowling, a sperimentare un differente tipo di strike..

Mi fa piacere che ci siano delle pagine, oltre la vita, in cui continuare a vivere quel tono, quella questione di stile, che fa sì che queste rotaie di tram, che queste macchine parcheggiate, che l'aria nel quartiere nella mattina di sole, ispirino il fischiettamento di *Una giornata perfetta*. Quando lo conobbi arrivò a rimpiazzare il mio amico "più grosso di me", Nuttless, lasciato e sposato nella pianura ipermercata, a disegnare soldatini di piombo. Capitò nel mezzo di vicende grosse, in una città che sentivo inutile e ostile. E partecipò al progressivo demolimento di quelle che sembravano essere colonne portanti dei doveri e del sentirsi in qualche modo a casa. E poi, in quel passaggio doloroso, in cui si rimane "senza ali e senza te", non so dire se sia stato la causa o l'alibi di tutto quel terremoto che la gioventù scatena quando inizia a sentirsi minacciata di morte. Quantunque Enso ci fu, in quelle e nelle strade più solitarie e clandestine che seguirono. E non sapevo mai davvero se fosse dannoso credere nel balsamo della sua parola, che a volte andavo cercando come una qualche forma di rivelazione, o se c'era da trovarci qualcosa anche di me, sotto tutte quelle scrollate. Forse queste pagine, così com'erano, andavano pubblicate all'epoca in cui annusavamo l'epica letteraria, sostenendo la piccola casa editrice Marcos y Marcos, ubicata proprio nel Barrio, qui nella via Settala, dietro l'enoteca Piazza. Da lì dopo le visite agli uffici prendevamo la strada per questi reading nel nome di Fante, che fornivano l'occasione per leggere le nostre pagine dattiloscritte e impregnate in copia unica dagli eventi. Non ci curavamo nemmeno di dire chi aveva scritto e che cosa. Erano prove di graffio, e a quello bastavano. Forse per lo stesso pudore si è evitato di pubblicarle, o perché erano troppo contemporanee a quello che stava accadendo, o per non passare per emuli di un maestro. Insomma non furono pubblicate e basta.

O forse perché le cose si vedono meglio quando la vita ci ha messo una distanza che le rende innocue. È allora che possono diventare pagine. Anzi pagine e pugni. Pagine in forma di round, perché la boxe è un po' la metafora della vita. Un incontro dopo l'altro. Il gong e ancora il gong, e noi sempre più suonati, destinati tutti a diventare vecchie glorie, orfani dei riflettori della nostra gioventù. La vita non ci concede rivincite, né la strada già fatta, né i balconi. Solo Enso me le concede. E lui, come il tuo passato, non sai se lo vuoi affrontare, o se lo vuoi abbracciare.

Vinicio Capossela

A volte ci si trova a ripensare alla propria follia, ai giorni pieni di magia e di speranza e al sogno, a volte inconfessato, di vedere il proprio nome sulla copertina di un libro. Questi pensieri vengono immediatamente sostituiti dalla poesia quando la voglia di spaccare un bicchiere è meno forte della voglia di riempirlo.

"Il problema di chi beve è che se succede qualcosa di bello si beve per festeggiare, se succede qualcosa di brutto si beve per dimenticare e se non succede niente si beve per fare succedere qualcosa," diceva Bukowski.

Dietro ogni bicchiere, però, si scorge quasi sempre la storia dell'individuo, il tormento della ricerca di se stessi e non del tempo perduto.

Vivo sembra quasi voler dire caustico, per sciogliere i limiti e i confini che solo una vita può avere, anche una vita di epopee.

Non si può ridere tutti i giorni ma si può cercare di farlo allontanando i giorni in cui i sogni erano l'armatura e servivano solo a ingigantire il mistero dell'esistenza.

Le parole sono solo parole.

La vita che le ha provocate, come in una favola, è stata poetica ma anche mimetica perché tra i tanti modi di affrontare il tormento della ricerca poetica c'è anche il proprio occultamento.

La storia è stata scritta molto dopo che la vita è stata vissuta e non ha importanza se e dove porterà – ciò che conta è non avere rimpianti quando si è tentato di rendere epico ciò che è stato reale. Queste pagine sono intrise di vita, di profumi e di ricordi ma anche di paure e di disperazioni.

Quindi a ognuno la sua epoca e a voi la nostra epica.

Buona lettura.

Vincenzo Costantino Cinaski

OPERAZIONI DI PESO PRELIMINARI. S'INCROCIANO I GUANTONI

Lettera a Mr Mall 5 dicembre 1995

Caro Nic,

il sole si sta rintanando e ho appena terminato di leggere la tua missiva. L'ultima cosa che ricordo di quella sera curdeña è l'immagine di due persone amiche, abbracciate, che si ringhiano addosso. Quella sera era il mio turno.

Altre notti ci hanno visto nella stessa situazione a ruoli invertiti e sono stati i momenti in cui ci siamo avvicinati di più.

Sotto qualsiasi luce è sempre delizioso ascoltarsi. Purtroppo, per quanto possa essere apparso, l'anima mia non è libera, è vincolata ai miei passi, ai miei umori, mentre dovrebbe essere il contrario.

Adoro il puzzo di chiuso e croissant, adoro la fogna: è l'unica realtà che prevede un ritorno.

Andare oltre frontiera, possibilmente non in maniera tossica, è indispensabile per anime come le nostre. Ma è altrettanto necessario tornare al mondo nutriti, approvvigionati, anche di cattivi odori, di ultimi avventori, di sana ignoranza e viva prostituzione altrimenti il cammino, il mio, il tuo, smette di avere un senso e si trasforma in bohème televisiva.

Se si resta oltre frontiera, la contemplazione non serve a un emerito cazzo! Se il "vecchio cane ciondola per strada ferito" pur non essendo un cane, se siamo sull'elenco, se "i muri stanno in alto e in basso" è perché in verità, la gente senza amore, la solitudine, la strada e la disperazione sono *anche* cose nostre.

Caro amico,

la merda può essere vissuta con poesia e solo la poesia può rappresentarla, altrimenti non avrebbe voce.

Il nostro incontro è stato casuale ma fatale – Mr Pall incontra Mr Mall –, e non per questo dovremmo accontentarci. O fermarci.

Che le città diventino cento, che le serate ringhiose si moltiplichino, che la follia sia la nostra luce.

In questo momento sei una delle persone alle quali tengo di più e, per quel che ti conosco, la tua inquietudine non nasce dalla paura di sentirti in trappola bensì dal bisogno viscerale di un po' di strada, di puttane letterarie e non da letteratura, di gente senza amore, di essere ancora, solo per poco tempo, stanco e perduto, di essere Vinicio lo scrittore e non il cantante.

Con affetto e stima

Vincent Costantino Cinaski

Lettera a Mr Pall gennaio 1996

Caro Vincent,
finalmente trovo il tempo per leggere veramente le due pagine in bella calligrafia che mi hai consegnato.

Dico solo ora, non perché prima non le avessi lette, ma il fatto è che quando sono nel "bulirone", sarà l'adrenalina, sarà la Ghenga, ma non riesco a fermarmi e leggere, telefonare.

Ci ho bisogno di andarmi a rintanare in uno spazio che sembra una casa, da solo, e allora, se non sprofondo troppo nella claustrofobia da assenza di Barrio, allora mi do a riordinare i pensieri.

Caro Vincent, qui scatta il contachilometri, sono al trentesimo giro e cambia la decina.

Sono solo nel monolito, per rinchiudermi volontariamente prima dell'orgia di domani.

Sto cercando una chiave per aprire e chiudere il mantice a tempo.

Silenzio e parole.

D'altronde la vita è troppo triste per divertirsi di continuo e io la brucio a grande velocità quando sono in mezzo alla strada.

Succede tutto o quasi, ma non so com'è, è come se ritenessi poco.

Insomma succedono anche grandi cose, ma non so

come trattenerle, dentro divento sempre più neutro. Non so...

L'unica mia aspirazione è quella di diventare un uomo libero, libero di fare le sei del mattino se ne ha voglia e non perché non c'è un'altra scelta.

Mi sono passato la gioventù a regolarmi la vita all'orologio di queste maledette donne, in colpa come con la madre, eppure è sana ambizione, ma straperdere tempo mi fa stare male, te lo spiegavo, però voglio arrivare a uno sguardo rassicurante quello di chi "ha la nozione del tempo".

Ho passato la vita pensando di avere tempo per imparare, per viaggiare, per diventare un grande artista, ma adesso il tempo non è più illimitato.

Lo vedi come ci vuol poco a schiattare, il grande Bonvi, che beveva come il Vecchio, lo hanno arrotato come un cane mentre andava ad una inutile trasmissione televisiva.

L'altra notte ho sventrato l'Imperiale, è stato un secondo, per un pezzo di legno che non si vedeva. Così va...

Però vorrei riuscire a fermare questa cosa dentro che si divora tutto senza crescere.

Tornando al tuo discorso ed al mio, credo che sia la libertà che ci consente il ritorno, e soprattutto l'andata, però per tornare nutriti bisogna avere quella capacità di ritenere che è molto facile usurare.

Attenzione, Vecchio, libertà o morte!

Nic Molise
Con umiltà

ROUND 1
Colpi d'assaggio

Mall

Primo incontro

Nella piccola stanza era domenica mattina. Le campane di Sant'Eustorgio entravano fin dentro la finestra interna, nell'unico giorno della settimana in cui gli operai non lavoravano nel cortile, né il fabbro metteva in moto le sue macchine. Un rumore arrivò comunque a rompere il sonno del giovane Mall. Fu il trillare ostinato del telefono. Erano soltanto le nove. Mrs Mall andò a rispondere. Per niente infastidita attaccò con tutte le gentilezze e le moine necessarie a soddisfare l'interlocutore. "Cevto, cevto," diceva col suo accento straniero, "oh... oh... d'accovdo..." e la chiamata andava avanti, e Mall s'innervosiva nel letto. "Di nuovo quell'impostore," pensava. "Poveretto. Cosa non fanno gli uomini per cercare di portarsi a letto le donne. Come la infarinano.. ci mettono sempre di mezzo il lavoro, e solleticano le inclinazioni, le capacità... tu vedi se c'è bisogno di chiamare a quest'ora di domenica mattina, per un articolino sul giornaletto inglese per gli stranieri in città. La prende dal verso della scrittrice... la lusinga... e lei mica riattacca e dice, senti ne parliamo poi. Non se ne importa che è l'unica mattina che abbiamo. Che giornata del cazzo. Che cugini di merda. Ma vaffanfuckyou!.. E stasera devo pure andare a suonare in quella discoteca... La promozione radiofonica a quel... come si chiama?.. Jimmy's! Che posto! E devo continuare a passarmela in questa città che detesto, piena di coglioni che si vogliono fare a mia moglie!"

Lei intanto continuava a parlare. A lui il sonno era passato e anche la voglia. Litigarono e poi lui uscì sbattendo la porta. Girò per dieci minuti in strada di domenica mattina. Il parco, i piccioni, l'uomo che gli dava da mangiare, le signore col cane, l'edicolante... Camminò un poco, poi visto che non c'era niente da fare e nessuno da incontrare nella città ostile se ne tornò a casa. La giornata proseguì in qualche modo. Tra le telefonate del tipo del giornaletto per stranieri, i nervosismi e i silenzi.

La trasmissione radio cominciava alle nove. Il locale era molto affollato. Ci arrivarono già astiosi e in ritardo. L'intrattenitrice radiofonica faceva battute mandando stacchetti di musica. Si stabilì la scaletta. A Mall sarebbe toccata la posizione di coda. Quando era ormai pronto, arrivò dalla folla il giornalettista. Si salutarono brevemente, poi prese Mrs Mall, si allontanò con lei e cominciarono a parlare fra loro di importanti modifiche da apportare al loro importante articolo e andarono avanti così per il resto della loro importante serata. Mall salì sul palco, fece il suo intervento e scese. Fu una celebrità per quindici minuti poi tornò ad essere il perdente di casa sua. Tornò nella piccola celletta delle passioni di coppia, solo tra i centinaia che affollavano il locale. Mrs Mall uscì fuori a fumare e si sedette a terra col giornalettista e lì restò. Mall, pieno di astio e infiammato, si diresse al bar deciso a procurarsi qualcosa, un fuoco più forte che lenisse, per maggiore incendio, la brace che lo arroventava dentro. Si fece largo al bancone e ordinò la sua consumazione. Dall'espressione scura che aveva in volto, i curiosi trovavano di che desistere. Nessuno lo avvicinava, ed egli continuava a restare chiuso nella sua bolla di veleni, isolato nella moltitudine.

“Ehi tu, Mr Mall, dimmi, sei per Fante o per Bukowski?”

“Cristo,” imprecò Mall, “non lo vedi che sto facendo qualcosa di importante!” – “Adesso,” pensò, “ci manca solo che mi si attacchi la pezza sugli scrittori ubriaconi.”

“Sono grandi entrambi, hanno un solo difetto: generano un pessimo pubblico e dei pessimi emulatori.” Ma il tipo insisteva. Era grosso, butterato e gioviale. Aveva modi apparentemente aggressivi, in accordo con la materia di cui voleva trattare, ma anche qualcosa di delicato, di buono. Invadeva il campo, ma con un suo dispiacimento. Sembrava dire: “Scusa se invado, non posso farci niente, ma è così che funziona”. Perciò insisteva.

“Che ne pensi di Rimbaud?”

“Chi, il cavallo?”

Era insieme a una ragazzina giovane, con un ciuffo davanti agli occhi e i capelli corti. “Mia cuginetta,” disse. E a quel punto Mall si sentì costretto a offrirgli da bere. Mano mano che l'altro raccontava e declamava ed esponeva le sue passioni letterarie, Mall andava pensando che per quanto potesse essere patetico, e già battuto e talvolta anche miserabile, quel mondo era comunque il suo, molto più delle chiacchiere che avvenivano fuori, sul marciapiede, tra quei due. E anche se si trattava di strada che già si sapeva dove avrebbe portato, era comunque strada. La sua. Così, lentamente, cedette e finì per prendere parte alla conversazione. I soliti capisaldi si affacciavano a reggerla. “I grandi miti che ci avevano già fregato,” pensava Mall, “i maestri, i cattivi maestri, che quando sei giovane ti infebbrano, ti sovrastano, ti accendono e ti riempiono di complessi. Come i genitori. Sono i padri putativi, nasci anche grazie a loro e poi ci vuole una vita per liberarsene.”

“Oh no, io adoro il Vecchio,” che così il tipo chiamava confidenzialmente Henry Baroyan, il suo scrittore preferito, "il vecchio Hank, perché trovo che sia lui a somigliarmi. Non è una questione di modelli, piuttosto una questione di comunanza. Io semplicemente la penso come lui." E continuò. "Sto per aprire un posto laggiù nell'Interland, a San Giuliano, dove dormo. Si chiamerà Cafè Cinaski, come me. Ecco, vedi, l'insegna ancora non c'è, ma ho già fatto i bigliettini."

TO DO IS TO BE (*Rousseau*) TO BE IS TO DO (*Sartre*) DOO BEE DOO BEE DOO (*Sinatra*).

"Lo inauguriamo la settimana prossima. Vieniti a fare un giro. Potresti avere qualcosa di cui pentirti. Potrei diventare il tuo alibi..."

Il tipo continuava nella carburazione e nei racconti. Mall lo ascoltava e pensava. "Anch'io ho una storia da raccontarti," disse. "Avevo un amico un tempo. Un caro amico. Era una grande amicizia. Andò male a me e andò male anche a lui, senatore Bailey..." E già si sentiva nell'aria il tema di *Cockeye's song*. "Eravamo all'ultimo anno di scuola quando mi passò un libriccino di questo scrittore di cui parli tanto. *Compagno di sbronze*, si chiamava. Se lo portava anche a scuola. Lo leggeva sottobanco e si metteva a ridere da solo, con quella sua risata sardonica, mentre il resto della classe proseguiva nella lezione.. 'Guarda,' diceva, 'guarda solo che copertina!' Nella foto Henry Baroyan stava abbracciato a una femmina più in malarnese di lui. Erano sbronzi duri. Si sostenevano uno con l'altra contro il frigo, con le birre in mano e avevano un'aria felice. Gli piaceva quel Cinaski perché gli piacevano le cose che piacevano a lui. Marleo si chiamava, anche se poi finimmo per chiamarci entrambi Nuttless. Sapeva il fatto suo Marleo. Il giorno lavorava, dava una mano al padre col negozio di riparazioni tv. A scuola usava il tempo che perdeva a venirci. Seguiva la lezione in classe, così non doveva fare i compiti a casa. Poi il fine settimana si sbronzava. Partiva con la R6 di famiglia. Ci metteva il sacco a pelo dentro e se non era più in grado di guidare, pernottava dove si trovava. Dipingeva soldatini e leggeva le avventure di Henry Chinaski. Era effettivamente, come diceva nel titolo, il suo compagno di sbronze. Nuttless divenne poi il mio compagno di sbronze, quando i più precoci si erano già sposati, e io iniziavo a mettermi solo allora sulla strada. E finisce che sei sbronzo duro nel culmine della festa al Corallo. Corri sulla lava di un vulcano, poi una ti si avvicina, ti dice: 'Ma sei uguale a Bono Vox!'. Ti mette la lingua in bocca e dieci mesi dopo ti trovi sposato. È successo così a Galles, ed era il più forte di noi. Loro arrivano, travolgono e spazzano via gli amici e i ricordi, ma quel compagno di sbronze, lui, continua a vivere in te. Passa nello stato di clandestinità, e te lo porti dietro tutta la vita. Cambia faccia, come quella dei tuoi peggiori amici, ma è sempre quello stesso compagno di sbronze che si porta dentro il cromosoma della gioventù. Ti sbronzi e sei ancora giovane. Ritornano le storie, l'armadietto del Fermi, che nascondeva le prime bottiglie, quando hai ascoltato di nascosto, durante la prima ora di Impianti, *Muriel* o *Burma Shave* e non ti sei voluto più fare la barba e ti sei ingrassato i capelli, e hai cominciato a sdraiarti sui cofani delle macchine, tra chiome bionde, nere, boccoli e profili sconosciuti. Dietro ai vetri della macchina il profilo conosciuto delle colline perdute, e il cruscotto dello stereo nel buio brillava come le lucine di Natale. Allora ha iniziato a dolerti la via di casa, e la strada si è cosparsa di alcol da incendiare per farsi riconoscere tra tante come tua. Sei partito, e questo fuoco te lo sei portato dentro, nascosto, tutte le volte che apparentemente hai trovato casa. Il fuoco ha continuato a bruciare e ti ha chiamato fuori la notte. I cani randagi, bastardi, suonano al campanello. La gioventù ulula e si incattivisce. Guaisce, perché non vuole morire. Vuole amare, e per una volta vorrebbe prendersi tutto! Dunque diamoci la mano, Cinaski! Capisci che cosa c'è dietro a quel *Compagno di sbronze*? Salute allora! Lehaim!" E nella mano stretta, come un'imbottitura di panino al prosciutto, a Mr Mall restò il biglietto del futuro Cafè Cinaski.

La Mrs era ancora fuori, ancora col giornalettista. Un po' li disprezzava, un po' lo feriva il fatto che l'avesse preferito a lui.

Infine si avviarono. La tenne per centocinquanta metri e poi iniziò la lite feroce, e il fuoco dell'amicizia vigorosa appena accesa si trasformò in infiammazione. Arrivarono agli insulti e alle mani addosso e poi Mall prese un'altra strada. Fece quattro giri dell'isolato scalciando e, non avendo dove altro andare, salì di sopra e la risolvettero al solito modo.

Pall

Il Bar

C'è chi beve e si vanta
della propria ubriachezza.
C'è chi si ubriaca e si vergogna
dei propri sentimenti.
C'è chi osserva tutto questo
e lo sopporta solo bevendo.
Un bicchiere è un'arma micidiale
quando lo appoggi
vicino al cuore.
La vita va corretta... va corretta...
È così difficile berla liscia.
Il bar non ti regala ricordi
ma i ricordi ti portano sempre
Al Bar.

Spalle larghe

Quasi tutte le storie di amicizia vera iniziano con una fine.

Quella notte ero in procinto di chiudere il locale che erano ormai quasi le tre quando arrivò una telefonata. Era Mr Mall.

"Condoglianze," disse.

"Perché?" domandai.

"Per il Vecchio... se n'è andato."

"Ah già..." Preferivo non pensarci, preferivo non pensare che il mio ultimo eroe, uno dei nostri scrittori preferiti, non c'era più. Henry Baroyan non c'era più.

Ringraziai e riattaccai.

Pochi minuti e il telefono squillò di nuovo.

Era ancora Mr Mall.

"Se non hai da fare puoi venire...?"

"A dire il vero sto quasi chiudendo, ma se è urgente vengo subito."

"È urgente," disse.

Lasciai la chiusura nelle mani del mio socio e mi misi in marcia con la mia vecchia auto di fiducia – più volte mi aveva riportato a casa quasi da sola – ed entrai nel ventre della città mentre la città se lo danzava, il ventre.

"Che potrà mai essere successo... gli saranno entrati i ladri, avrà litigato con la moglie... l'avrà uccisa... dove cazzo mi sto andando a infilare." Ogni sorta di pensiero viaggiava con me in quel momento.

A memoria l'auto parcheggiò nel solito posto che sembrava riservato a quelle visite notturne.

Il Ticinese era stranamente silenzioso.

Suonai il citofono ricevendo come risposta solo l'apertura del portone.

Quando un uomo apre senza neanche chiedere "chi è?" è il segnale che la solitudine è già entrata in casa prima di voi e la disperazione è in agguato dietro di voi.

Attraversai il cortile e cominciai a salire per i gradini che portavano al ballatoio d'ingresso del piccolo appartamento. Mr Mall era sull'uscio che mi attendeva con una bottiglia di birra in mano e una smorfia sul viso a metà tra un sorriso e una paresi rabbiosa.

"Vieni, Cina, vieni a vedere che è successo... vieni, entra."

Arrivai alla porta con il terrore di assistere a una scena del crimine. Entrai nel soggiorno. O meglio, quello che ne rimaneva.

Di cadaveri neanche l'ombra ma di fantasmi sì, il posto ne era pieno.

Era rimasto solo il pianoforte a coda sul quale regnavano i bossoli di quattro bottiglie di birra vuote e una ancora carica. La casa sembrava una di quelle case che si stanno per abbandonare o in cui si sta per entrare. Negli occhi di Mr Mall si leggeva che se qualcosa o qualcuno stava per essere abbandonato non era certo la casa.

Allora si abbandonò, si lasciò andare come non aveva mai fatto e mi abbracciò aggrappandosi alle mie spalle larghe e in un pianto strozzato mi disse: "Non c'è più... se n'è andata... e guarda cosa mi ha lasciato... niente!".

Nella stanza, oltre al pianoforte, c'erano due cartoni di libri, dischi, tazze, bicchieri, e guide telefoniche... una vita nei cartoni.

Restammo a finire le birre parlando pochissimo di quello che era successo e poi me lo portai fuori, di nuovo in mezzo alla danza del ventre urbano.

Non aveva bisogno di parlare, Mr Mall, aveva bisogno di una bussola e io ero felice di esserlo quella notte. Felice non è la parola giusta, ma c'ero, e questa era la cosa importante.

Se fosse rimasto da solo quella notte, Mr Mall avrebbe viaggiato con i pensieri immobile dentro l'inferno, invece riuscii a portarlo nei posti peggiori che conoscevo e a fargli condividere la solitudine e la disperazione di una città fatta di solitudini e che si nutre di disperazione.

Eccoli allora: la crêperie di via Crema e il chioschetto di Angelina, le mie oasi notturne, un paio di liti senza esito con la strada e i suoi animali, infine il posto peggiore di tutti, la mia periferia.

Mr Mall era ormai allo sbando, era come un pugile alle corde ma con nessuna intenzione di andare giù. E aveva ragione: il treno, quando arriva contro, si aspetta in piedi, con la guardia alzata come aveva fatto Tiberio Mitri... ma non era quello il momento, non era quello il caso, non era quella la donna.

Lo portai a dormire da me nella casa di nonna Domenica.

Al mattino ci alzammo, ci salutammo come se non fosse successo niente e ci abbracciammo come per dirci tutto.

Lui tornava verso il suo inferno, io restavo nel mio.

ROUND 2
Assenze

Mall

La notte in cui non trovammo più nessuno

Era arrivato in città verso mezzanotte. L'ultimo tratto del viaggio di ritorno a casa doveva farselo in bus. Ci sarebbe voluta ancora un'ora. Era sabato sera e i viali, avvicinandosi al centro, si facevano sempre più affollati. Se la città gli era sempre sembrata estranea, ora la sentiva ostile, parte anch'essa del complotto, e più vi si addentrava, più aumentava in lui l'inquietudine.

Era un triste autobus coi sedili stretti fra loro. Le ginocchia piegate contro il sedile davanti, i vestiti stanchi. Attorno erano passeggeri di mezz'età. Avevano valigie e regali da portare a casa. Erano a posto con tutti. È curioso come se non si è a posto con una sola persona, non si è a posto più con nessuno. Lui non si sentiva a posto con nessuno. Temeva il bigliettaio, il vigile, la signora del sedile di fianco e non aveva regali nella borsa. Ciò nonostante cercava qualcosa della normalità, si sforzava di vedere le cose normalmente. Ricondurre tutto ad una spiegazione, a una cura.

Il traffico andava aumentando, ma dietro i vetri del bus non si sentivano rumori.

Lui si torceva i capelli e non resisteva più senza poter

fumare. La prima fermata fu nei pressi della stazione centrale, che apparve a un tratto enorme, spettrale nell'afa e nell'oscurità. Alcuni scesero, nessuno salì. Si era fatto tardi, ma tanto non aveva a chi giustificare il ritardo.

Infine uscì, vicino al Duomo, assieme a quelli che ancora restavano. Recuperò le borse dal ventre del torpedone e cercò un taxi. L'autista aveva una faccia gommosa e guidò in silenzio. Non c'era niente da dirsi infatti. Giunsero al quartiere. Come al solito di sabato a quell'ora era bloccato dalle auto, dai tram, dai vigili urbani, dalla massa berciante in libera uscita. Si fece lasciare a cento metri. Pagò mentre qualcuno lo urtava nel passaggio. Erano in due, giovani, con le anche larghe, e parlavano ad alta voce di fica e di locali dove trovarne. Era di fianco alla gelateria naturista. Dalla macchina posteggiata in seconda fila partì l'allarme. Forse l'avevano sfiorata, forse no, l'allarme partì a caso. Erano tutti fermi. Non si andava né avanti, né indietro. Si fece strada a fatica tra le lamiere e i clacson. Il marciapiede non esisteva più. Dove non c'erano macchine c'erano i sacchi di rifiuti nella plastica nera.

Arrivò al portone. Il campanello aveva ancora l'iscrizione del suo nome insieme a quello di lei. Suonò tra il frastuono, per scaramanzia, senza convinzione. La porta di legno chiara rimase chiusa. Cercò allora le chiavi e le trovò nella tasca della valigia. Prima di aprire guardò su. Nessuna luce illuminava la finestra.

Ormai era arrivato, non restava che salire. Cercò di fare anche quello normalmente. L'ansia lo riprese. Aprì la porta dell'appartamento e si trovò di fronte al solito corridoio lungo e scuro. Sapeva già da prima che non l'avrebbe trovata, ma poteva essere partita per lavoro, o per qualche giorno. Almeno poteva esserci un biglietto, un'indicazione. Così accese la luce, ma non trovò niente. Non trovò niente, perché non c'era più niente. Se n'era andato via tutto. Foglietti della spesa, lenzuola, saponette, odori, orologi, sveglie, piatti. Anzi, un piatto lo vide. Era un servizio da uno. Un bicchiere. Una forchetta. Un coltello. “Grazie, babe. Un pensiero gentile.”

Dicono che a volte la terribilità delle cose terribili si nasconda nei particolari. Uno muore in un incidente stradale e la cosa che impressiona di più a chi arriva dopo sono le scarpe. Quelle scarpe, sole, a dieci metri dal corpo, restano lì, distanti, a terra, eppure rimangono scarpe, semplici, magari ancora buone.

Nessuna rissa, nessun litigio è violento come una casa vuota, e il colpo non arriva in un posto preciso, arriva in forma di paralisi diffusa.

Respirava male. Provò a cercare qualche rigo scritto lasciato in un cassetto, o dovunque, ma faticava ad articolare i movimenti e i pensieri. Gli si fece il vuoto in testa. Non riusciva più a coordinarsi. Si girava intorno cercando in posti insensati, cercandosi in tasca. Di fronte al muro bianco e al silenzio non c’era nulla che si potesse fare.

Ecco alla fine che cosa significa andarsene. Vuole dire che uno non c’è più e non sai dove cercarlo. Questo vuole dire. Che non c’è più niente. Cose che, si sa, vanno così, ma una casa vuota è un’altra faccenda.

In tutte le stanze si presentava la stessa chirurgica situazione. Nella camera, un cuscino. Nel bagno, un asciugamano da uno. Rigore anche nell’armadio, dove sopravviveva altero e dignitoso qualche vecchio vestito solo..

Le pareti però restavano tranquille, il pavimento saldo. Niente sprofondava.

Le case sono così, immobili teatri. Amori, stupri, delitti si consumano dentro e loro restano uguali a prima, irriconoscenti del tutto.

L’unico pensiero che gli riuscì di formulare fu quello di dirigersi in strada per bere qualcosa. Così richiuse la porta, faticando per centrare il buco e scese.

La prima auto di fuori pulsava di musica tecno. Un tizio dall’altra parte urlava un VAFFANCULO. Tutti sciamavano lenti e rancidi. Non ne conosceva nessuno. In due anni di questi volti informi non ne aveva incontrato uno. Di quel sordido vocio non gli era mai arrivata l'eco di una battuta, qualcosa per cui valesse la pena di provare. Si diresse verso il bar meno affollato. Cattiva musica in diffusione e un porno quiz in televisione. Videogiochi.

Anche questo era stato la causa, però non lo sapevano. Tutto continuava uguale. Il barista non gli domandò niente, lui non disse niente. Pagò e uscì con quattro Guinness in mano. La grappa che si era bevuto ebbe l'unico effetto di aizzarlo contro il quartiere.

Il quartiere, come la casa, restava lì, teatrale e indifferente. Una storia si consumava in un giro di chiacchiere tra gli esercenti. Forse l'avrebbe saputo il macellaio, dove si faceva la spesa, o l'edicolante, comunque sarebbe stata dimenticata nel giro di una settimana. Saremmo scomparsi dalla memoria, come dalla lista dei crediti settimanali. Questo era tutto.

Quartieri, case, città a cui dover ritornare sempre, e per cosa? Se tanto nessuno di voi è il mio quartiere. Il mio Barrio! Barrio, così lo chiamerò il posto dove finalmente mi sentirò a casa. Il posto dove sarò uno di voi e le vostre voci lontane saranno musica per il mio cuore, voci che vorrò sentire quando non ci sarò, e che mi faranno venire la voglia di tornare. Lì troverò il mio Barrio, dove, amici miei, mi verrete a suonare all'ora che volete.

Il Barrio dove ci apriranno i bar quando sono già chiusi, dove non saremo dimenticati come cani di passaggio e senza nome, così che se fossi nel mio Barrio adesso avrei spalle su cui appoggiare le mani, e orecchie a cui confessarmi, e avrei casa, e luna e stelle... e avrei amici anche, amici con cui ricordarmi della notte in cui arrivai e non trovai più nessuno, ma a voi certo vi ritrovai, pronti per scrivere i versi della nostra epica.. “Mentre le stelle, sul tetto della casa dei miei vecchi, anche loro mi direbbero... fermati qua, fermati qua.”

Questo desiderò maledicendo la bolgia del sabato notte, mentre da solo con quattro Guinness in mano riguadagnava il portone. E mentre saliva ebbe chiaro l’unico numero di telefono che poteva fare.

Il Cafè Cinaski non era un vero caffè. Il caffè lo servivano al banco, così come il vino e i liquori, ma la maggiore fonte di reddito era costituita dalle pizze e dalle birre. La gente ci andava soprattutto per quello e anche perché era l’unico posto aperto della zona. Una zona che era alla periferia di tutto, anche di se stessa. Ma di quella periferia quel locale era il centro. Un tempo era stato una piccola pizzeria conforme allo stile dei grossi palazzi condominiali costruiti negli anni sessanta, quindi birra, rutti e televisore acceso. Poi il ragazzo delle pizze s’era accollato un mutuo e aveva rilevato la gestione. Era rimasta la stessa pizzeria col finto pergolato sul banco, ma con due scaffali di libri sparpagliati in giro, una macchina per scrivere a disposizione della clientela e il nuovo titolare: Vincent Costantino “Cinaski”.

Stava stappando una fiasca di Chianti per certi suoi amici, quando, verso la una, andò a rispondere al telefono.

“Pronto,” disse, “CAFÈ CINASKI!”

Sentendo la voce dall’altro capo del filo cambiò espressione: “Ma... che è successo?” domandò. “Che hai combinato?... Come, lo devo vedere di persona?... Bene, vedo se trovo una macchina... ma è successo qualcosa? Vabbè, dopo.”

Cinaski era un uomo corpulento, dotato di una flemma incomparabile. Al bar ci lavorava con la madre che domandò contrariata: “Che c’è?”. Lui rispose: “Niente. C’è che ‘un mio vecchio amico deve tornare a casa perché qualcuno aspetta un figlio e suo padre ha bisogno di lui', e quell'amico è a piedi e necessita di un passaggio e ne ha bisogno subito. Perciò, Ma', qua pensaci tu, che io devo andare". La signora Costantino aveva i lineamenti induriti dalla vita e non era mai particolarmente dolce con nessuno, sicché lo guardò torva e gli disse: "Già questa settimana butta male, se poi te ne vai pure in giro...". Ma ci erano abituati entrambi, così in capo a quindici minuti Vincent fu fuori dal locale.

"Ma che accidenti sarà successo? Forse un incidente? Forse hanno litigato? Forse le ha di nuovo spaccato la sua sedia-opera d'arte?" E intanto prendeva la circonvallazione a bordo della sua vecchia Volks.

"Una scenata di gelosia? Un attacco di appendicite? Che abbia finito il vino?"

Decise di pensarci all'arrivo. Ci impiegò una mezz'ora, e in quella mezz'ora i suoi pensieri si spostarono su certe sue amiche che lavoravano lungo quel tratto di strada. Trovava molto poetica la loro esistenza e si appassionava in conversazioni del tutto istruttive che le ragazze gli concedevano a fine orario. Così si ritrovò nel gorgo del quartiere con lo stesso animo del solito, pronto per un piatto di pasta, e una discussione su François Villon. Trovò parcheggio piuttosto lontano e si fece a piedi il budello affollato. Suonò. La porta si aprì. Salì. Percorse il breve corridoio che portava al cortile. L'altro l'aspettava sul pianerottolo, coi capelli scompigliati e la camicia di fuori. Aveva un'aria esausta.

"Vieni, vieni."

"Che è successo, Nic?"

"Vieni, vieni, vieni a vedere che è successo," e lo condusse dentro.

"Ma, come..."

E Cinaski vide, al posto della cucina che conosceva bene, una stanza vuota e bianca al centro della quale si ergeva desolata una pila di scatole di cartone marroni. "Merda," sussurrò, "e quelle?"

"La mia roba."

Vincent ancora non s'era ambientato e continuava a guardarsi intorno. L'altro guardava fuori dalla finestra. Nessuno parlò. Nic prese una birra, la versò, poi ne offrì all'altro.

"E non hai nessuno a cui chiedere dove sia adesso?"

Nic sollevò la bottiglietta, diede una sorsata e disse stancamente: "No, nessuno," poi si avvicinò, lo abbracciò e disse una decina di volte "merda".

Vincent lo guardava comprensivo, non era il momento di dire cazzate.

"Senti, usciamo, che qua non ci posso stare. E stanotte non vorrei restarmene solo."

"Per quello è a posto. Un letto ce l'ho d'avanzo."

"Non credo di andarci proprio a letto." E così se ne uscirono. Non è poi che si conoscessero bene, ma in certe occasioni o ci si capisce o ci si manda affanculo.

Si diressero verso una crêperie francese che teneva aperto fino a tardi. Vincenzo svolgeva le mansioni pratiche, ordinava e provvedeva a pagare, mentre l'altro andava diluendosi nella sua confessione. Beveva a più non posso, aveva fretta di stare meglio e così si stordiva di birra scura. Poi furono fuori e fecero tre volte il giro dell'isolato. Nic, aggrappato al braccio, sviscerò tutti i motivi e le sfumature e le giustificazioni, e l'enumerazione dei fatti, e le prospettive e i ricordi e l'ineluttabilità del destino e tutto il resto, fino a che ebbe fame. Vincent lo prese come un segnale di vita e così si diresse a un tale chiosco notturno dove ordinarono panini con salsiccia e altre birre, poi si mise a parlare col gestore. Allora Nic si allontanò brancolando e lì si ritrovò finalmente solo. Era appoggiato ad un cassonetto dei rifiuti, la testa gli doleva, la pancia gonfia, i travestiti che venivano a rifocillarsi, i marocchini che litigavano dall'altra parte della strada, il rutto che non gli usciva, l'alba che andava annunciandosi, e nel delirio pensò: "Non è forse questo che ho sempre voluto?".

Poi si mise due dita in gola e si svuotò lì, di fianco al cassonetto.

Si sentiva schifato di tutto e soprattutto della sua propria compagnia, così tornò al chiosco accolto dallo sguardo rassicurante di Vincent, che gli offrì un'altra birra.

Il birraio parlava di posizioni erotiche... e la mossa dell'asciugamano, e il criss cross e i cazzi di gomma. Sul "Giornale" un editoriale di Feltri. La radio mandava un pezzo degli 883. Non era un bel mondo dove andare a finire, però gli uccelli cinguettavano e il cielo si andava schiarendo ed era sempre un conforto da vedere. Si addormentò lì, chino sul tavolino. Il camion del lavaggio strade arrivò con la sua lampada psichedelica, annunciando che era ora di chiudere.

Pall

La città invisibile

L'odore dei giorni
È sempre diverso
Il profumo delle notti
Non cambia mai
Scherza con te
E ti regala sorrisi
Che incrociano delizie inconsapevoli
E quando il muro di azzurro
Ti crolla addosso
Bagnato fradicio
Accendi una sigaretta
Respiri a pieni polmoni
Guardi in fondo alla strada
Ascolti le tue scarpe che danzano
Domandi sollievo alla luna
Chiudi il cappotto
Stringi le spalle
E il profumo della notte
Non cambia mai.

Le ali della libertà

E la tua schiena sorride e mi innamora
di mondi, che se anche già conosciuti, mi portano via.
E poi arriva Romeo
cane senza medaglie
a dirmi, a guardarmi e a solleticarmi
Di niente
Che niente è quello che volevo
e niente è quello che ho visto.
Un culo può essere pieno di desiderio
ma è solo un magazzino d'idee.
Il culo ti affascina
perché ti ricorda
te stesso
amore mio.
Le ali della libertà
sono solo una conquista ubriaca
di una vita ubriaca
e non c'è verso
di cambiare verso.

La ghiacciaia e la mozzarella

Un pensiero mi ossessiona mentre rientro a casa.

Sono un nichilista o niente mi interessa perché è niente quello che voglio?

Tutto intorno è foglie e vento che strapazza i capelli.

Due conoscenze occasionali accompagnano il ritorno nel mio piccolo rifugio di periferia.

In camera i letti sono sistemati a L e le pareti sono blu.

Accanto alla finestra c'è un tavolo rotondo. Sopra riposano fogli sparsi, una macchina per scrivere e una bottiglia quasi vuota di Aglianico rosso.

Metto un piede dentro e realizzo che in fondo quello di cui abbiamo davvero bisogno non è tanto lo spazio, quanto il tempo, il tempo di capire che la gioventù è un lusso per i giovani.

Lei si siede sul mio letto e lui si sdraia al suo fianco e comincia ad accarezzarle la schiena. Vado alla ricerca del vino in cucina e lentamente mi avvicino alla ghiacciaia. Mozzarella, buste enormi di mozzarella regnano solitarie all'interno. Alla mia sinistra, su una vecchia sedia da osteria, sta seduto un vecchio con la barba bianca, i capelli bianchi, due occhi orgogliosamente questuanti, una camicia bianca a maniche corte aperta sulla pancia bianca come mozzarella. Sorseggia calmo un bicchiere di rosso.

Mi chino per prendere una bottiglia di vino e il Vecchio svanisce. Sulla tavola ci sono tre bicchieri vuoti che porto nell'altra stanza.

Di là i miei due compagni di viaggio si stanno dando da fare, lui la sta montando come un forsennato e le tette di lei si muovono come una bossanova che solo a guardarle mettono sete; me ne verso uno e lo bevo, me ne verso un altro e la loro passione finisce molto più velocemente del secondo bicchiere.

I sentimenti sono belli quando restano nascosti.

Finita la bottiglia, verso la cucina, spero nella mozzarella. Fragole e vino rosso, trovo solo fragole e vino rosso, e alla mia sinistra una sedia vuota.

Quando torno di là, lui se ne è già andato e mentre mi siedo sul letto versandone uno per me e uno per lei, lei mi si avvicina. Mi carezza le ginocchia: due occhi neri e tristi come chi non è mai partito guardano due occhi tristi e neri come chi non è mai tornato.

Me ne verso altri due. Lei, dopo averne sorseggiato un po', dice: "Vuoi fare l'amore, adesso?".

"No, adesso no..."

Pausa.

"Domattina..."

Un'altra pausa.

"Forse..."

La mattina mi regala una grande scopata e quando lei esce per comprare due pacchetti di Pall Mall morbide le chiedo se per cortesia può portarmi della mozzarella.

ROUND 3
Pugni

Mall

E a te come è andata, Nic?

A non sapersi decidere si rimane in mezzo alla strada. Le porte si chiudono dietro senza accorgersene. Man mano che si prende tempo, il tempo come un maggiordomo cortese e del tutto servizievole chiude le porte che si sono lasciate aperte, e questo genere di uomini le lascia tutte sempre aperte, e con le luci accese dentro, finché d'un tratto non si è più in tempo per niente. Si torna al punto di partenza. Niente è successo, niente si è risolto. Finché non si è presa una strada c'è poco da camminare. Il cinema ha chiuso e il ristorante, e gli amici spariti.

"Bene, Vecchio, posso dire che avrei voluto trovarmi in quella cucina accesa col piano incastrato tra il frigo e la lavastoviglie, e sentire i marmocchi passarmi sotto le gambe, tra l'odore di soffritto e gli schiamazzi, starmene nel mio. In canottiera. Alzarmi e sedermi col riflesso del sole tra le persiane. Avercela chiazzata di pomodoro quella canottiera, e sentire caldo intorno. Caldo e vapore di cucina, e chiamare i miei amici 'ragazzi'. Tesoro, preparane di più che stasera passano da qua i 'ragazzi'. Oh, lei poi... proprio un angelo! E una gran cuoca! Sempre un pensiero anche per loro, e due chiacchiere quando ci vogliono, quelle che le donne sanno fare, e loro rispettosi. Mica come con le sciacquette che passano e vanno.

Ah, sì, per niente mi sarebbe spiaciuto. Ma... la vita non ritorna. C'è un tempo e un'occasione, e quando si vuole essere ancora troppe cose, la vita allora non basta. Bisognerebbe avere costanza e sapere cosa cercare. Ma io mi faccio in acqua quando si tratta di prendere una strada. Però se non ne prendi una, non arrivi. Ci rimani in mezzo, agli autogrill, alle ristorazioni. Te la giochi così, come adesso.

Ma da giovane ti fai infinocchiare facile, e da tante e tante cose."

"Eh sì," disse Caarlo, "l'unico vantaggio di diventare vecchi è che non bisogna più frequentarli, i giovani. E peggio dei giovani sono i 'sempre giovani'. Ah, ma basta adesso. È l'ora degli uomini. Basta sciocchezze! Quest'anno sarà una cosa seria. Per cominciare ho deciso di ubriacarmi solo quando ne ho voglia."

"È un'idea, Caarlo. Si risparmiano energie."

"Non lo so, cazzo. So solo che le prenderò mirate. Sarò il cecchino della curda."

"Sarà meglio che mi sposti allora."

"Ma che sposti... meglio essere centrato e abbattuto dalla curda piuttosto che da una stanza vuota. Perciò mettiti dritto, come un bersaglio. In guardia! Stasera ce la prenderemo buona. Mirata."

"Va bene, Caarlo. Ma chi ci farà da camion scopa? Chi ci riporta a casa?"

"La strada ci riporta a casa. O forse è già la strada la casa. Finire abbracciati alla strada. In ogni caso non berrò più il vino. Fa fermentare lo stomaco. È una cosa da giovinastri. D'ora in poi solo a super. Rum! Perdio! Curda Feliz! Di' un po', ce l'hai il colombiano? Eccolo. Bisogna aspettare solo che si squagli il ghiaccio."

"Va bene, Caarlo, ma spostiamoci, che il rumore mi dà fastidio. Sediamoci qua."

Fuori era il traffico delle 19 e 30.

"Il fatto, Caarlo, non è solo decidersi. Decidersi è il fatto. Ma occorrerà pure essere aiutati, no? Sembra facile a dirla così, ma io mica ce la potevo fare. Iniziò male da subito. Sono cose che a uno poi gli passa il coraggio. Le lettere anonime, le telefonate... E di Cacarani te ne ho mai parlato?"

"No."

"Ah, questa è ancora meglio. Il filosofo! Anche questo mi doveva capitare! Da appena conosciuta, già da subito mi sono trovato di mezzo le sue letterine da poeta.. L'ho imparata a riconoscere la sua scrittura a zampa di gallina."

"E tu che facevi?"

"Le spostavo. Cercavo di non pensarci. Me le facevo lavorare in corpo. Alla fine arrivò pure il pacchettino. Che schifo! Le letterine scritte da sopra gli aeroplani... Eccolo l'invaghito! Cogitabondo, volante. Viaggiante. Viaggia verso nord, fa considerazioni sul nord. Era osceno. Peggio di me addirittura. I suoi bei pensierini da manuale, parole copiate. Il filosofo! Lei non ne poteva nemmeno capire la metà di quelle parole, per via della lingua. Io capivo perfettamente invece. C'è qualcosa di abominevole negli uomini tristi, illanguiditi dal rimpianto della loro chiavata. Eccoli che scrivono dagli aeroplani, tutti uguali, allo stesso modo di tutti. Fanno un bell'esercizio loro. Gli piace scrivere così, sentimentale, abbandonarsi da soli al loro linguaggio da giornale. Il linguaggio dev'essere distrutto. Bisogna strozzare o amare, o... Ah! Il porco! Le sue carinerie senza confidenza. Giustiziarlo sul posto! Era uno schifo. Scriveva per farle vedere che sapeva scrivere, che era solo e nostalgico e infiorettava per bene la loro nottata. Allegava pure due poesie. Pubblicate. Spedite con tutta la rivista, che si sapesse! Con il segnalibro in mezzo per non sbagliarsi! 'Il compasso delle tue gambe!' aveva scritto. Era l'unica cosa decente e non era nemmeno sua. Citava. Il poeta! Il pensatore! Che sentimentale! Che sfortunato. Anche le riviste d'arredamento le aveva mandato.

Doveva arredare lei, del resto. Bisogna sempre mostrarsi interessati ai problemi delle donne. Mai passare per egoisti. Però, cosa bisogna farci. Va così. Chi tocca leva. Chi arriva prima si prende tutto."

"Guarda! È il bar Rattazzo quello! Ancora aperto. Chissà se il signorino ci lavora ancora dentro..."

Il bar era affollato e il ragazzo c'era. Sempre là, al suo posto. Un po' più gonfio in faccia, con meno capelli, ma più o meno con la stessa faccia. Lavorava ai panini.

Nic aspettò il suo turno. "Una frittata," chiese.

"Non facciamo frittate, solo panini."

"Una frittata."

"Solo panini."

"Vabbe', allora voglio un panino con la frittata. Di' un po', già che ci sei ne fai ancora frittate al numero 54?"

Il signorino del bar lo guardò ostile.

"Dico, ci stai ancora al 54?"

"No, sto da un'altra parte."

"E non ti ricordi di me?"

"No."

"Ma come! Non ti ricordi di me?"

"Non capisco di cosa parli."

"Ma non ti ricordi di me? Abitavo anch'io al 54!"

"Ah sì, ora mi ricordo di te... ora mi ricordo."

"Ah sì, e ti ricordi sooolo di me!!!"

"Mmhh sì, cos'altro dovrei ricordare?"

"La casa, per esempio. Non la frequenti più... la casa?"

"Quale casa?"

"Be', la nostra. Per fortuna ora non ci stiamo più. Sai com'è, da queste parti ti mangiano nel piatto. E tu insomma, sei sempre stato un ragazzo intraprendente. O no?"

Il ragazzo sorrideva ebete. La luce del neon era molto forte e la gente continuava a mangiare e prendere birre. Niente era cambiato. Come nelle sere d'estate che la gente scendeva in strada e si affollava nel budello dell'angolo. Chi l'avrebbe detto. Quella mezza tacca di barista! Che abitava di sopra! Che nella sua vita aveva letto forse due lattine di birra! A casa l'aveva trovato, e faceva pure l'amico, il buon vicino!

"Di' un po', ma toglimi una curiosità. Adesso me lo puoi dire.. ci volevi provare con mia moglie, di'?"

"Ma che vai dicendo!?" il ragazzo rispose frettolosamente, come per scherzo.

"Eh, ti piacevano le visite?!"

Nic, rapido, lo afferrò per la camicia e lo tirò fuori dal banco. I vassoi con i panini caddero per terra.

"Ma sei proprio un gran chiavatore tu. Un chiavatore a domicilio!"

"Ma che cazzo..." Nic gli prese il naso e glielo strizzò. Gli altri due inservienti gli vennero addosso. "AO!" dicevano, "AO!" e spingevano, e tirando persero l'equilibrio e caddero a terra. La birra si ruppe e Nic iniziò ad urlare.

"VE LE DOVETE INFILARE NEL CULO, VI CI DOVETE FARE UN CLISTERE CON QUELLE BIRRE! MA IN FACCIA, CHE LÌ VI FANNO PIÙ EFFETTO, FACCE DA CULO!"

E in un attimo si ritrovò in mezzo alla strada affollata. Lo buttarono di peso sul catrame e il selciato.

"Fuori dai coglioni!" dissero, e ansimavano ansiosi di menare le mani.

Si rialzò dal marciapiede sporco e maleodorante. Caarlo gli era dietro. La gente camminava veloce nel solito budello.

Come quando si alzava alle sei nell'unica ora in cui la strada era muta e deserta, dopo che era passato anche il lavaggio, quando era solo pavimento per i piccioni e gli uccelli assordavano le basiliche. Era l'ora in cui gli piaceva scendere in strada, l'ora in cui si incontrano solo le persone che danno il mangime ai colombi nel parco, che era l'unico campo a odorare in mezzo a quel cemento.

L'edicola apriva e a vederlo dall'arco delle Colonne

sembrava proprio un budello di case, di persiane e di mattoni, buoni quasi da mangiare. Era il solo momento in cui la vita si riaffacciava come l'aveva conosciuta nell'aurora di maggio. Mentre lei attendeva profumata nella penombra. I bar avevano finalmente chiuso e le cartacce erano state tolte. La strada era vuota e pulita e in mezzo luccicavano le rotaie. Luccicava tutto il pavé per l'insonnia e il primo sole dava fastidio agli occhi.

Prima che aprisse la cooperativa ecologica delle ricche signore di sinistra, prima che aprisse il caffè letterario Portnoy, dove leggere il giornale la mattina, prima che la coppia mantide aprisse il negozio di scarpe – il marito-bambino e la signora-mantide con i loro modelli di calzature intatti, di vent'anni prima –, prima dell'arrivo del giorno, quando respirava l'aria del quartiere senza decidersi a tornare in casa.

Allora lo gridò alla via nella notte grigia, e lo gridò fissando lo sguardo di un passante:

"IO ABITAVO IN QUESTA VIA! IO ABITAVO IN QUESTA VIA!".

E il passante abbassò lo sguardo e, sentendosi osservato, rispose a voce bassa, imbarazzato... "E a me che cazzo me ne frega!"

Così lo urlò ancora alla via, ma nessuno rispondeva, perciò arrivato all'incrocio del Portnoy chiuso, si abbassò i pantaloni e porse il culo al traffico. "Baciatemi il culo! Tutti quanti! Io abitavo in questa via!"

Ma nemmeno questo gli diede soddisfazione, così, coi pantaloni abbassati, fece la vernice a un paio di vetrine finché Caarlo lo raggiunse e disse: "Andiamocene". Nic si girò brutto anche verso di lui. "Che cosa ne sai tu? Che cosa ne sai tu... Goordo? IO ABITAVO IN QUESTA VIA! Qui me la sono giocata e qui ho perso. Cosa ne sai di cercare di arrivare in tempo per cena? Cosa ne sai di sentirti perduto fuori e fregato dentro? Cosa ne sai di tremare di paura, e di voglia, di saltare cancelli? Litigare tutta la notte.. telefonare tutta la notte..? Forza, dammi un pugno. Dammi un pugno ti ho detto! Prenditi questo allora!"

Si tolse la camicia e mostrò il petto tra le macchine che passavano e i clacson. Caarlo sorrise, ma Nic partì all'attacco col destro e glielo affondò nel fianco, e poi, siccome sorrideva ancora, gliene allungò un altro sotto l'orecchio. Allora Caarlo, che pure era carburato a dovere, prese la mira e lo centrò allo stomaco. Nic accusò il colpo, ma rispose con un ceffone a mano aperta e a quel punto anche la pazienza di Caarlo, il sornione, finì. Di reazione gli ammollò un gancio a salire nella pancia e un grattone dritto in faccia. Nic cadde a terra nel parco delle basiliche e ci rimase a lungo. Di nuovo sentiva l'eco degli uccelli, ma di tutto quello che conosceva non c'era più nulla, a parte il catrame e il bordello.

Quando si rialzò era solo. Caarlo era sparito e il traffico andava diradandosi. Si inoltrò nella via. Trovò un posto ancora aperto che faceva pizze da asporto. Entrò e prese una birra. Dentro c'erano quattro punkabbestia e un cane e si dividevano due pezzi al trancio. Dietro al banco una mora coi piercing, dall'aria annoiata. Era ignorante come una capra e non parlava nemmeno italiano. Si guardava solo le unghie tutta scocciata. Lui ordinò la birra e si attrezzò per aspettare la chiusura. Fuori saltò l'allarme del negozio di fianco e non smise per un bel po'.

Pall

Perché ti chiamano Cinaski?

C'era una luna strafottente la notte in cui attendevo con terrore l'arrivo del giorno dopo. Il mattino avrebbe portato con sé le domande terribili di una professoressa di matematica. Se le interrogazioni non si chiamassero così non incuterebbero timore e non ti farebbero sentire colpevole soprattutto quando non sai un cazzo.

Mi alzai con la determinazione di chi qualcosa doveva fare, qualcosa di ingegnoso per evitare l'interrogatorio. Pensai a una bomba nella scuola, a un finto sciopero, a uno stratagemma qualsiasi per tirarmi fuori da una figura marrone.

Ero in quella età in cui si è troppo giovani per avere coraggio e troppo grandi per essere vigliacchi: sedici anni, l'età dell'incoscienza.

Mentre l'autobus mi portava al supplizio le fermate scalavano e si avvicinava la discesa – la discesa all'inferno.

Per farmi coraggio mi ero già ingollato un paio di sorsi di Johnny Walker e una lattina di Heineken, la colazione degli incoscienti. Bevevo già da un anno. Il fisico mi aiutava a sopportare la velocità con cui stavo crescendo e a reggere, oltre all'alcol, la sorte che mi voleva vittima delle mie paure e di una maledetta infezione al fegato sfociata in acne cheloidea. Le cheloidi sono tumori della pelle grossi come fave che lasciano cicatrici aperte e dolorose sulla faccia, sulle spalle e sul petto. Questi segni, che ora mi sembrano medaglie, mi avevano allontanato da tutti e spinto verso l'odio nei confronti del mondo e amore per tutto quello che mi faceva dimenticare e sentire un altro: l'alcol!

La fermata alla quale dovevo scendere era già passata da tre. Decisi di proseguire e andare verso la città.

La città attendeva un giovane leone. Mi sentivo un giovane in preda alla smania di crescere e farla finita.

L'odore di pizza era forte come i fiori in primavera e gli ultimi soldi rimasti in tasca mi permettevano almeno un assaggio. Mangiavo la pizza e passeggiavo davanti alla Rinascente e mentre camminavo osservavo in maniera neutra le facce e le speranze, condividevo i sogni e le illusioni ma loro non lo sapevano e io li ignoravo. Erano solo materiale per il libro che sognavo di scrivere o la poesia che mi girava in testa in quel momento. Nessuno pensa che a sedici anni si possano scrivere poesie a meno che non ti chiami Rimbaud e ti innamori di te stesso.

Io sapevo che la gioventù è un lusso. A me interessava solo capire come farla franca e conservare la dignità di chi le cose le sa ma non ha voglia di discuterle. Era fuffa, scuse per far comprendere al mondo che io non stavo perdendo ma era il mondo che stava perdendo me e perdendo l'ennesima occasione di scoprire un poeta che non sapeva neanche di esserlo.

Io non lo so se lo fossi ma quando mi trovai sotto la galleria del Corso, di fronte a una locandina cinematografica con il culo di Ornella Muti in bella vista, mi fermai. Forse fu un pensiero poetico a spingermi o gli ormoni del sedicenne che erano in me, fatto sta che entrai in quel cinema e cercai il mio posto in solitaria per evitare chiunque e mi sedetti aspettando il Film.

Storie di ordinaria follia. Marco Ferreri. Di Charles

Bukowski. Io non conoscevo nessuno dei due e non vedevo l'ora di vedere il culo di Ornella Muti.

Dopo un quarto d'ora tutto quello che avevo imparato a proposito della poesia francese e della maledizione era diventato segatura. La poesia che racconta la poesia, Ferreri che racconta Bukowski con la faccia di Ben Gazzara. Non credevo fosse possibile scrivere in quel modo raccontando la vita. L'alcol non c'entrava niente. Bevevo già da un anno pensando a Baudelaire, che in quel momento mi sembrava l'ultimo dei poeti.

Ecco cosa cercavo. Uno che la vita la prende come viene e gli fa capire che in fondo non sente la necessità dell'amore corrisposto e coltiva il culto del silenzio quando non si ha un cazzo da raccontare.

Avevo trovato la mia strada, e ne dovevo fare ancora tanta.

Appena fuori dalla sala, ormai dimentico del culo italico, cominciai a mandare affanculo tutto quello che mi aveva affascinato fino a quel momento: gli hippies, la beat generation, il potere dei fiori, Woodstock, fate l'amore non fate la guerra. Iniziava la mia guerra personale in nome dell'amore per la vita. Non rinnegavo niente, avevo semplicemente cambiato strumento: l'asfalto ora aveva un senso, gli odori e le puzze diventavano i profumi della vita.

Avevo incontrato la chiave. Non mi restava che trovare la porta.

Di fronte a me c'era una libreria. Non era un caso che fosse proprio di fronte all'uscita del cinema.

Entrai ma in breve realizzai che non avevo più una lira. Mi avventurai comunque alla ricerca di un'opera qualsiasi di Charles Bukowski e quello che trovai era perfetto: una raccolta di poesie – *462-0614* – che poi scoprii essere il numero telefonico della casa in cui il Vecchio aveva vissuto per un periodo, un numero che avrei composto innumerevoli volte per innumerevoli notti ottenendo sempre la stessa risposta: *"Desculpe, el señor Bukowski, el borrachon, no está más aquì..."*.

Una volta fuori dalla libreria, il Vecchio e le sue parole erano uscite con me, il mio primo esproprio letterario.

Il giorno dopo, sotto il banco di scuola, la solitudine del Johnny Walker venne alleviata da una nuova compagnia: il mio primo libro di Bukowski.

Cominciai a diffondere il verbo per tutta la scuola e tutta la città, era il 1980 e la stampa italiana era ancora impegnata a commentare le foglie che cadono, la luna che splende e le stelle che luccicano.

Solo quando i francesi se ne accorsero dopo i tedeschi allora anche noi, e per noi intendo gli addetti ai lavori – ce ne accorgemmo... ma io ero arrivato prima. Ne ero fiero.

Una notte, dopo l'ennesima telefonata a vuoto e l'ultimo bicchiere di rum, quando sentii chiamare Hans, mandai tutti affanculo e urlai di chiamarmi Cinaski, che da quel momento in poi io ero Henry Cinaski, e che non capivano un cazzo della vita tanto quanto me ma se non altro io cercavo di viverla in ogni suo aspetto perché solo così un giorno avrei potuto raccontarla.

Nel giro di pochi giorni cominciarono a chiamarmi Cinaski.

Ormai, anche se avevo scoperto François Villon, non potevo più cambiare nome...

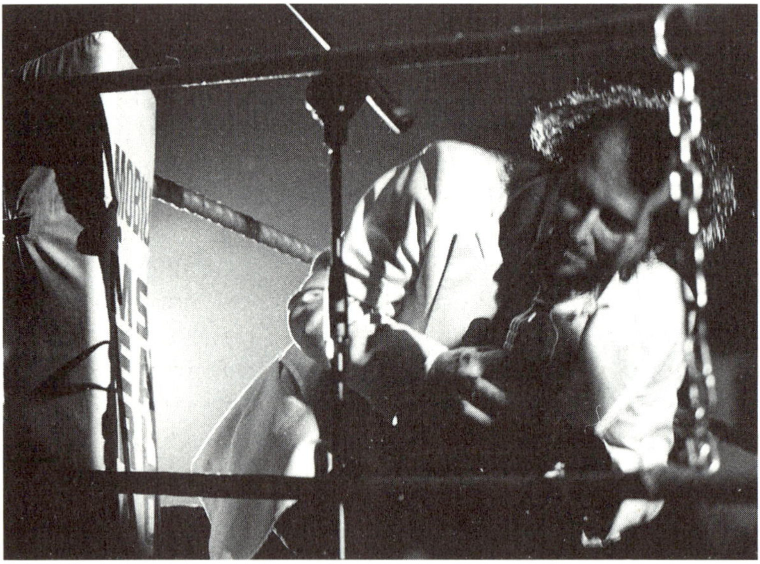

ROUND 4
Ganci

Mall

Una serata a sfascio

"Come sarebbe che devi andare..."

Lui bevve ancora e ancora. Poi la ripensò fuori di casa... Prese un posacenere di cristallo massiccio e lo tirò contro il televisore. Il cristallo si infranse contro il vetro e lo scheggiò. Il vetro finì da ogni parte. L'urto fece un cratere nel pavimento. Plastica e vetro finirono dappertutto. Lui li guardò. Non c'era voluto niente. Proprio niente. Era bastato tirarlo e basta. Le tempie gli battevano. Tutto l'aspetto della casa era ora sovvertito, come se un obice fosse entrato dal tetto. I vetri erano ovunque. Pensò di raccoglierli con la scopa, ma poi lasciò perdere. Continuò a bere invece. Era troppo faticoso raccogliere. Da fuori la massa rumoreggiante nella strada aveva ripreso a salire, a inasprirsi. Era il groviglio delle quattro di pomeriggio. Soltanto le quattro di pomeriggio..

Suonò il telefono. Era lei. Qualcosa nel tono della voce lo infastidì. Prese a rispondere a ogni cosa attaccando. Più si andava avanti, più la conversazione si aggrovigliava, si infiammava insensata. La benzina si spargeva da sola. Lei non faceva niente per tirarsi indietro. Attaccava ancora di più, da dentro il posto invisibile in cui si trovava.

"Puttana," pensò, "brutta troia puttana!"

Quando riattaccò, si fece un altro rabbocco facendo attenzione a non tagliarsi i piedi. Arrivò al lavello e dal piano della cucina prese le forbici. Poi si diresse nel corridoio dell'anticamera. Era molto stretto. Aprì l'armadio di legno solido. "Puttana," pensava, e il caldo gli prendeva lo stomaco. La rabbia gli batteva nelle tempie. Gliele gonfiava. Sentiva solo il battito del sangue nella testa. Iniziò a tirare fuori i vestiti di lei. Erano tutti ben ordinati, appesi in fila alle loro grucce. Vestiti firmati. Vestiti da donna di classe.

Ed era fuori ora. Lontano da casa. Lontano da lì.

Prese un tailleur color antracite. Un bel taglio. Una stoffa fine nelle mani, preziosa, ben tessuta. Un capo ben fatto. Con le forbici per i polli, prese a tagliarlo dalle maniche. Le maniche si aprivano senza opporsi, la fodera anche. Le guardava e andava avanti stupito da quanto fosse facile. Nel giro di poco non restò più niente di intero. Poi toccò al petto e ai risvolti. L'aprì tutto con la lama e ne fece un mucchio di scampoli. Li ammucchiò e li nascose sotto altri abiti nel fondo dell'armadio.

Tornò in cucina. Urtò contro il tavolo. La bottiglia cadde. Il silenzio della stanza era insopportabile. Forse era solo colpa del silenzio. Se la stanza avesse parlato non sarebbe successo nulla. Invece tutto taceva. Solo la strada continuava ad urlare.

Il pavimento era ricoperto ora di vetri e di vino. Il suo sguardo ci vagava sopra, poi cadde sulle sedie sotto la libreria. Erano due telai di sedie. Li aveva recuperati lei su un marciapiede, come orfani abbandonati. Da giorni gli dedicava il suo tempo. Con le tenaglie li liberava di tutti quei piccoli chiodi che avevano tenuto insieme la tappezzeria. Diceva che con pazienza ne sarebbe venuta fuori una bella sedia. Ora però stavano lì. Con le molle appese e le centinaia di chiodi estirpati, che il lavoro delle sue mani aveva liberato dal legno. Fu un momento. Ci si buttò sopra con tutt'e due i piedi. Il legno si fracassò. Era insensato, ma continuò lo stesso. Non risolveva nulla. Le sedie rimanevano con i loro bordi spezzati, ancora più stupide e orfane di prima. Non ci provò nemmeno gusto, ma andò avanti, come per andare più giù nella china.. Continuò a spaccarle, prima una e poi l'altra, come cassette da fuoco. Cessarono di essere sedie.

Le schegge di legno sporcavano il pavimento, ma la stanza continuava a restare muta. I muri bianchi non dicevano niente. Gli prese brama della fine. Con rinnovata furia tirò il bicchiere contro gli stipiti. I plotoni ordinati delle boccette di spezie caddero e tutto si sparse a terra tra altro vino e altri vetri. Non fece altro che sfasciare. Poi prese a sgonfiarsi. Si sentì stanco. Si vide nel ritaglio dell'ampio specchio ovale, inebetito, allucinato. In un'ultima fiammata di furia tirò la bottiglia che aveva in mano contro lo specchio.

Scese in strada e fu fuori. Entrò nel bar. La sera arrivava. E con quella l'ora dell'happy hour. L'ora felice. Ordinò un Black Russian. La sbornia gli scalava nella testa a piccoli colpi, come tacche di raffreddamento di una stufa. Ora che era fuori dalla casa cercava di riavvicinarsi al mondo. Prese a dare confidenza ad altri clienti, ne vuotò due con una certa ebbrezza. Poi si sentì perduto, nell'ora della notte incombente. Ebbe voglia di rivederla subito e pacificarsi. Ebbe voglia di lei.

Rientrò. La casa era vuota. Urlava di silenzio. I vetri erano ancora tutti al loro posto e i telai rotti e il vino, le schegge e tutto il resto. Guardò e cercò e non trovò nulla. Tutto era distrutto e orfano come l'aveva lasciato. Vide però la luce verde della segreteria telefonica lampeggiare. Era un messaggio. Lo ascoltò.

"Non tornerò. Ho paura di stare lì dentro. Non aspettarmi."

Allora il demone lo riprese ancora. Fracassò un'altra bottiglia nel lavandino. I vetri gli tagliarono le mani. Li strinse nel pugno come un grappolo rosso, sugoso, fino a che il lavello fu pieno d'acqua e di sangue.

Si distese sul letto. Non c'era nulla da fare. I muri uscivano dai muri, come gli occhi dagli occhi. Il silenzio era ancora più forte. Rimase disteso a lungo. Esausto.

Pensò di cercarla negli alberghi. Prese la guida telefonica. C'erano duecentocinquanta alberghi in città. Iniziò a telefonare. Al diciassettesimo si fermò. Si risolse allora di andarla a cercare a piedi. Si buttò nella calca. La gente era orribile. Pulsante. Fornicante. Marcia. Li superava tra i fari fermi. Proseguiva tra le luci e l'affollamento. Si affacciava nei bar. Niente era più come prima. Niente gli veniva incontro in maniera familiare. Batté tutta la strada, poi fu nella piazza. Andò verso un certo hotel di cui si ricordava, dove si era rifugiata anni prima, appena arrivata in città. Ora però l'hotel era frequentato solo da nordafricani. Alla ricezione non dissero nulla. Era un albergo di professioniste. Continuavano a salire e scendere dalle scale. Nessuna che rispondesse al suo nome.

Ancora le strade lo presero. Non sei niente qui in mezzo. Non sei nessuno, dicevano. Non saprai mai dove trovarla. Ripercorse tutta la strada controcorrente, fendendola. Fu di nuovo al bar. Ora non aveva nemmeno più morte nel cuore. Soltanto fame. Avida. Vorace.

L'annuncio era insieme ad altri sotto al telefono del bar. Prese una moneta e chiamò. Tornò a casa e attese. Venne a domicilio. Suonò il citofono. Aveva i capelli ossigenati e la faccia slavata. Entrò nella casa. La loro casa. I vetri sporcavano tutto. Ci passò sopra con i tacchi laccati fino a che non si trovò davanti allo specchio infranto. Non ne fu colpita in nessun modo. Lui tirò fuori i soldi stropicciati dal portafogli senza contarli. Li accartocciò. Non c'era niente che gli servisse nella faccia diafana che aveva davanti. Niente in tutto. Stava lì davanti al loro divano. Davanti a tutte quelle cose rotte e arse dal fuoco. Mentre lei era nascosta nella notte. Sparita e basta.

Tirò giù la cerniera. Tutto gli si rivoltò nello stomaco. Sboccò di fianco al divano. L'anima era perduta. Ogni cosa era in fiamme. Morse il vetro del bicchiere e ne ingoiò. I fari passavano. Tutto passava, la folla fuori passava, e gli allarmi stupidi continuavano a suonare, senza che ci fossero ladri.

Pall

Sembra che non finisca mai

Tutto comincia nel modo più consueto e basculante
Pare vivere nel gerundio, quel freddo che ti prende al collo
che ti chiama ad invocare amore
ad avvolgerti nei fiori di collina
nel non avere niente da dire...
ed ecco che ti affidi alla sorte confidando nel destino
Tutto appare più bello solo dopo che è passato un poco
di tempo
Tutto appare dopo un poco di tempo
La ghiaia si dirada nei viottoli e sulle tombe
impregnarsi di candele consumate
camminare con la gola piena e gli occhi asciutti
l'odore di caffè dietro le finestre
il pane caldo
profumo dell'alba di città...
Siamo sfollati del giorno passato
inquilini del prossimo
in attesa di sfratto
Chi cerca non ha voglia di trovare
chi trova è che non ha mai cercato io cerco solo di
non trovare
Forse è per questo che... sembra che non finisca mai

Una giornata qualunque

Le risate intorno sono come spari, tuoni di ignoranza, allegria a sapore umido, come conigli.

Tutti vogliono la Fica. La Fica non si conquista con il petto ma con il cazzo, ma non con quello vero. In verità è col cazzo che si conquista la Fica! Si diventa biondi e a volte anche artisti, non c'è nessun tipo di treno che spinge, ognuno di noi ama il rumore, io amo gli aerei, i treni, le macchine ma il rumore dell'idiozia sovrasta sempre tutto. Ci vorrebbe un bastone per controllare se la merda è ancora viva e una volta scoperto mangiarsela. Le stazioni non sono un punto di partenza e neanche di arrivo, sono solo un momento di attesa. Si può anche scegliere di non partire ma non di non arrivare. Ho sempre creduto nella possibilità di diventare grande e più mi guardo intorno più ne sono convinto, perché la gente si limita a voler sembrare bella e non cerca di esserlo davvero.

I duri non nascono, muoiono.

I duri non nascono, muoiono.

Si crede a volte di avere tempo e poi si scopre più semplicemente di averlo perso.

In ognuno di noi c'è un ragno e in ognuno di noi c'è una mosca, l'unica differenza è che il ragno non mangia la merda ma la mosca. A volte non è vero che le domande siano inutili, sono ovvie, allora preferisco rispondere in maniera inutile.

Vorrei avere il potere di attingere alle risposte ma non è possibile a meno che tu non ti dichiari come uomo, debole, amorato, stitico e consapevole del tuo ruolo: puoi solo asciugarti la fronte con la carta igienica.

Le strade sono piene di curve ed è per questo che l'italiano medio preferisce le autostrade, il grande italiano preferisce le statali, io preferisco andare a piedi.

Cerchiamo di non prenderci mai sul serio, nel momento stesso in cui lo facciamo potrebbe sembrare che abbiamo qualcosa da dire. Io cerco solo di prendermi in giro, se non altro ho qualcosa da fare.

È più interessante perdere che vincere. Chi vince ha solo qualcosa da perdere.

Il lato tragico della vita è nel non avere niente da perdere, allora o sei morto o ci sei molto, ma molto vicino.

ROUND 5
Strada

Mall

Matrimonio, divorzio e motels

Ho comprato una sveglia per sapere che ore sono
quando riapro gli occhi.
Ho ancora i soldi della sera prima.
Mi giro. Una bottiglia di birra sul comodino, senza te.
Cominciare è una delle cose che mi riesce. È in difesa
che sono carente.
Da quando non ci sei mi sposto in continuazione,
perché in movimento è più difficile essere centrati.
I mobili di formica hanno poco a che vedere con la tua
classe.
Ma pare che io abbia inclinazione per queste cose fuori
classe.
Alberghi abbandonati, fuori stagione
Camere ammobiliate
Frequentati solo da russi e croati.
Non lascio recapiti.
Solo quando mi troverò in un posto dove non sarò
più io
Allora forse non sarai più tu.

Ristoranti, pietanze scaldate, promiscuità.
Cambio lenzuola tutti i giorni.
Non ho modo di lasciarci l'odore.
La colazione la salto.
Non le lunghe telefonate notturne.

Il cammino della clandestinità

Caro Vincent,

ho visto *Smoke*, e quando Harvey Keitel racconta la sua storia di Natale, nel suo quartiere di Brooklyn, con la sua camicia da tabacchino, e sul finale attacca *Innocent When You Dream* del nostro grande zio Tom, ho pianto lacrime sincere.

Il fatto è che quel tabaccaio eri tu, ed io lo "scrittore" che ti stava ad ascoltare, ed ho pianto per i nostri sogni. Per il nostro quartiere che non abbiamo avuto e per le nostre grandi anime sepolte nella pianura, che nessuno racconterà.

Mai telefonare, come diceva Jack, usa la poesia. O come diciamo noi, vacci a bussare. E infatti avrei fatto meglio a scriverla, o a passare dalla pizzeria. Volevo rammentarti le nostre giornate nel Barrio...

Non si può vivere tutto assieme. Anche l'eccesso di bene si rivolta. E quando si va senza freno a mano diventa più difficile vedere gli altri, che restano fermi al di là dei finestrini dell'auto in corsa. Oltre la fiammata dell'amicizia valorosa rimane il deserto triste e dolente della pianura. Le facce livide, i pomeriggi da riempire. Ho fatto di lei, mia moglie, questa stampella affettiva, che è sempre nei miei pensieri, pur se non riesco a dirle... ma cosa ci rinchiude in questa cella fatta di bellezza dove si smette di parlare come si sa, e si diventa dei maggiordomi al servizio dell'amore? Dove si entra in una parte da cui non c'è modo di uscire se non di soppiatto, dalla porta di servizio, per tornare a essere come si è. E com'è che diventa clandestinità, e scomodità? Dov'è il desiderio doloroso e selvaggio? Dove l'ubiquità?

La solitudine e miseria del nostro furioso baraccone mi sbrana, appena mi lascia a piedi e non so opporci che argini clandestini e lisergici, fiammate d'euforia temporanea. Forse invoco solo un amore impossibile, o una pura esistenza beatnika, altrettanto impossibile.

Pall

Candele nel Barrio

Elefanti di gloria che stridono
con i miei pensieri.
Occhi verdazzurri
Autunno a basso costo
Stanze a una stella
Notte a mille.
Rigagnoli d'autunno
salutano un cielo varicoso
E luci sfolgoranti
cantano i miei profumi.
Tutto poggia su fondamenta di birra
E lo smalto dei giorni
prende il colore dell'ambra.
Carovane a petrolio
Cortei funebri
per la morte di un sogno
mai appartenuto.
Riverberi di musica
Il tempo sta passando
Vorrei andare in Africa
Il tempo sta passando
Le luci mi addormentano

I suoni mi rimbalzano
Il tempo sta passando
L'aria viene torbida
L'acqua scorre ruvida
Il fuoco brucia spento
Il tempo sta passando
La neve si riposa
Gli uccelli non mi cagano
I fari non mi abbagliano
Che l'asfalto mi cancella
E il tempo sta passando...
...il tempo sta passando
vestito di rosso
senza scarpe.

Faccia di pietra

Andiamo verso la città.
La città che custodisce la Sindone.
La strada è tutta diritta verso la grande madre.
Una voce diamantina ci attende.
La signora Galas.
La voce a me non piace.
Preferisco fare telefonate a caso e regalare speranze visto che ho una bella voce e al telefono si sente solo quella.
La città ha la sua Mole.
Anche io.
La Mole sembra appesa alle nuvole e la sua gente sembra appesa a se stessa.
Un fiume di gioia disperata l'attraversa facendosi regalare di tutto e non restituendo niente.
La riva in cui si sceglie di finire la notte è sempre quella sbagliata.
La parte distratta della città dorme facendo attenzione a non sporcarsi.
La parte sporca si lava nel fiume e a volte non viene restituita.
Siamo venuti ad inchiodare il culo alla Mole cercando l'oro.
Ci abbracciamo in maniera osmotica cercando di abbracciare tutta la città.

Sulla collina di Superga l'eco di una tragedia m'indurisce
la faccia.
È ormai l'alba quando la mia faccia scolpita nella pietra
saluta dal finestrino di un treno che mi restituirà alla
mia città.
Volevamo inchiodare il culo alla Mole e siamo rimasti
inchiodati alla delizia di una croce.
Mi addormento.
Addio Torino.

ROUND 6
Colpi bassi

Mall

Inchioderemo il culo alla Mole

Il cielo è basso e livido e grigio, e pare quasi schiacciare il gonfiore di maggio. Il gonfiore, lo spumare degli alberi che vorrebbe quasi accasciarsi sulle nostre vite scoppiate in primavera. Ma noi, lesti come saponette, ci sfiliamo sotto a questi nuvoloni appesi e sbavati e giochiamo a confonderli l'un l'altro, cullati dal placido rollare dell'Imperiale.

Cinaski è placido anche lui, come la vecchia solenne Poderosa e insieme andiamo contando i cartelli Honda che ci separano dalla Mole. "Hanno soldi da spendere i giapponesi per permettersene uno ogni cinquecento metri."

Di solito, mentre guido, faccio caso a certe cose. Congetture. Quanto fa la macchina con un pieno, che modello è quella che mi sta passando, fra quanto è il prossimo distributore di gas.

Cinaski resta calmo, ma Nic s'innervosisce spesso. Perde la ragione ogni volta che si sente bloccato. L'attesa lo innervosisce sempre. Ha appena sentito alla radio di un Tir che a Bressanone ha squarciato un autobus di linea, perché distratto alla guida dall'autoradio. Perciò guarda in cagnesco tutti i camionisti e manda al diavolo con lunghe suonate di clacson chi lo passa sulla destra.

"Ehi, Ciàina," dico io, "qui abbiamo finito il gas. Questa a benzina si beve pure a noi, e alla Mole ne mancano ancora settanta."

"Vai avanti, Nic. Vai avanti. Inchioderemo il culo alla Mole. Pure a costo di arrivarci a spinta."

Alla Mole ci porta il concerto di Diamanda Galas. Ce l'ha raccomandato il fotografo, Mr Harar, dopo le foto sulla spiaggia in riviera, laggiù dove il mare è solo la piscina degli hotel.

Affamati di avanguardia, e non potendo avere Buckley, il nostro favorito, chiediamo a tutti che cosa circoli in giro per le nostre orecchie avide. Ma ai concerti arriviamo in tempo solo per l'ultimo bis. Solo Shane MacGowan ci è riuscito di vederlo, perché ha cominciato due ore dopo l'orario, che sul palco a raggiungere i Popes non ci è voluto salire, e alla fine ha anche provato a impiccarsi da solo col filo del microfono.

Ma alla Mole siamo arrivati in anticipo, perché non ci andiamo per Diamanda Galas, ma proprio per inchiodare il culo alla Mole. Che tanto ci ha sfidato e tanta vita ci ha fatto già rischiare, e ci ha fatti arrivare morti al mattino ogni volta. Morti laggiù in riva al fiume tra le onde nere dove ci pisciano dentro, tra i battelli e i fuochi accesi e i coltelli e le liti e la calda vampata d'anfetamina del Murazzo. Il fiume giallo, il lento fango d'Orinoco..

Il teatro Colosseo ha le sedie rosse, e per la carburazione partita in anticipo, già li vediamo più rossi del solito i velluti di quelle sedie. La diva esce da dietro la tenda e offre il profilo del suo duro volto pronunciato e della nera cascata dei lunghi capelli di corvo, a completamento della sagoma del pianoforte a coda. Rompe il silenzio, straziandolo con urla da erinni. Declama d'improvviso alte strida, che si alzano al cielo come fiamme. Versi di Rimbaud elevati a ottave acutissime, come una Callas impazzita, e accompagnandosi con fragorosi naufragi di pianoforte. Sono brani senza pause... una piena. Fiammate senza chiaroscuri che avvolgono Troia, fiamma soltanto. Non rifiata, non abbassa mai di tono. La composizione dura così, fiammeggiante. E poi sprezzantemente termina nel silenzio che l'ha originata.

Sempre offrendo di sé soltanto il profilo, attacca il terzo brano ed è identico al primo. Cambiano i versi, ma non il tono, e nemmeno l'interpretazione. Fragore si alterna a scalpore per trentacinque minuti. Tanti ne dura il concerto. Il pubblico resta orfano presto di quello stormo di corvi assordanti, che hanno occupato il palco come un grido di strazio. Smarrito e senza indicazioni comincia a guardarsi intorno sotto il vivido bianco delle luci di sala accese. Qualcuno se ne va, qualcuno resta nella sala. Trenta minuti dopo, d'improvviso le luci si spengono di nuovo e la Galas rientra sul palco ancora più fiammeggiante. Rompe il nero della notte in un'ultima rapsodia d'arpia. Poi chiude il piano per sempre e col solo profilo saluta sprezzante in una scossa di crine e sparisce superba dietro il velluto rosso.

Scossi alla radice dei nervi, raggiungiamo di nuovo il bar e ci avviamo a regolare i conti con la Mole.

Scendiamo la discesa del Murazzo. È ancora più casbah del solito. Molti e litigiosi magrebini appoggiati ai bauli delle loro vecchie Fiat scassate, carni arrostite, fuochi e mangiafuochi, grappoli di gente e nemmeno un barbiere, che lì in mezzo ce ne sarebbe stato bisogno. Tutti aggrappati lungo quella specie di molo che è il Po, stanno lì, tra il muro, il ponte e il fiume, incuranti della stagione. Stanno lì nella pioggia dell'inverno e nello sbocco della primavera, come nel torrido umido dell'estate. Trasudati dalla città della Sindone, stanno lì sotto ad ammollare nel bagno. L'acqua è nera, elastica. L'arco delle luci la infiamma. Il nero del cielo dietro la collina cambia lentamente fino ad arrivare a schiarire, ma è un giorno quello che arriva sul fango del Murazzo che non ha la freschezza del mattino, ma il livido esangue della notte sfinita. Come se la coperta del buio ti si fosse stata tolta di dosso e ti avesse scoperto inerme, spacciato.

Scendiamo passando di fianco ad una carcassa carbonizzata di una Fiat Regata. Se ne sta abbandonata lì in mezzo e la gente incurante le passa accanto. Peppo, il satiro immortale, ci allunga una copia dell'"Urlo del Murazzo". Si racconta in giro di come la notte prima sia finita all'alba, con una legione di ultrà ottusi, ciechi, urlanti discesi in corsa caricando a testuggine in fila abbracciata, spazzando tutto quello che si sono trovati davanti. Si dice anche che nella lite un arabo sia finito nell'acqua, e il fiume gli si sia richiuso sopra.

Di tutti finiamo nell'ammucchio più affollato, il più intestardito, quello del grotto di Giancarlo. Ci si entra dal bar oppure dalla cava del ballabile. Pare che in realtà non balli veramente nessuno, ma tutti ondeggiano sulle ginocchia a tempo, lentamente. È il battito dell'epoca, il dub. Il movimento rallentato che batte non più veloce del nostro cuore, a 60 b.p.m. Così che uno parla balla e si muove prendendosi il tempo. Andiamo per forzare il crocchio d'entrata, affollato e nervoso come un nido di vespe. C'è sempre Andrej, enorme, a setacciare e dividere la folla come un pesce San Pietro che governa gli ingressi per il paradiso. Ci spingiamo tra la calca, il fumo e il frastuono e guadagniamo lo spicchio del bancone, il metro quadrato dove giocarci la serata. Envisia ci vede e si avvicina, piegando la bocca in giù dal lato destro, le labbra tirate in segno di incredulità. Esce fuori dal cerchio del bancone e ci abbraccia a lungo. "O Envisia! Anima dolce e indurita, vieni a rilassare quel tuo viso scolpito, quel cuore tenero intriso d'amore e di colpa in questo abbraccio d'affetto, solidale e fraterno. Le grandi amicizie tra uomini e donne iniziano con una mano sul culo e poi proseguono con stima. Così, cara, ora ti abbraccio, perché so cosa vuol dire amare una persona e tornare ogni mattina alle sei. Finisce che la vera famiglia diventiamo noi. E allora consoliamoci, come fratelli, così fra noi, che ci possiamo capire. È chiaro dunque che ci sarà da bere per tutti, ma questo non ci priverà dell'euforia bruciante dell'offrire alle anime care. Quel gusto nel pagare, che è quasi un bacio. Come i soldi appiccicati in fronte ai suonatori zingari, quando fanno sturare il cuore.

Dopo un giro di Vodka Tonic siamo raggiunti dal Songhio, e poi iniziamo a seguirci e perderci, avvistarci e smarrirci nella baraonda. Mentre parlo scruto sempre altrove, come preso da un'isteria che mi impedisce di godere della compagnia più prossima. Occhi, occhi intorno, cercare negli occhi, cercare nel niente. Come quando da giovani si indugia a guardare i contachilometri nei cruscotti delle automobili o le ragazze passare, o le partite di calcio, o i teleromanzi. Solo che adesso è materia animata. E gli occhi continuano a posarsi, a sollevarsi, a sorvolare come una mosca fastidiosa che non ha deciso dove posarsi.

In queste condizioni sono, quando il Songhio, tutto spiritato, mi dice, con tono esperto, che ha trovato "la chimica".

"Ma non mi farà male?" dico io. "Non è che c'è da rimanerci dentro in questa roba?"

"No, no. Questa è una cosa bellissima. È nata come farmaco da terapia. Allarga nello stomaco la sensazione del tempo, dell'affetto. Apre, ecco. Apre."

Fuori su una panca riconosco Il Barbaro del ritmo. Two Pack lo chiama Mr Dum perché gira sempre con due bottigliette di Ceres. È seduto con Cato. Ci ha un'aria molto sveglia, il giovane Cato. Sembra uscito dalla prima formazione dei Clash. E così è vestito. Scuote la testa ogni tanto, parla poco e conferma sempre quello che dice l'altro. "...che, minchia, sì! È andata proprio così. Che la sera prima questi sono scesi, che la macchina è rimasta lì bruciata, che ha arso come una torcia nell'alba." A guardarlo meglio, nel racconto, acquista i tratti del giovane Shane, e mi stimola una pronta iniezione di Pogues, così finiamo dentro. Passiamo sotto la porta a ghigliottina del bancone e ci disponiamo tra le scariche elettriche e fili e le caterve di dischi di vinile, le audiocassette e i cidì del banco mixer. Da Giancarlo è consentito a chi ne ha voglia di farsi un giro in consolle. Così ci lasciamo infervorare dalla musica, dalla Grazia, dalla cosa meravigliosa intravista e abbandonata. Quella cosa che brucia nella musica di Jeff Buckley. La Grazia, l'oscuro segreto, la perla di Kerouac, il Lilac Wine di *Grace*, e mentre ne stiamo parlando un senso di amore, di disperazione e di Grazia, comincia a salirmi dallo stomaco in un altro modo. Mi scalda l'addome, e il petto e i discorsi, e questa simpatia diventa meravigliosa, e insomma mi rendo conto allora che è la pasticca del Songhio ad allargare in 'sta maniera smodata quel senso di Simpatia, quel rivolgimento verso le cose più grandi di noi. Ed ecco, mi blocco e inizio ad averne paura. E allora Cato, il giovane Shane, che già sa, dice di prendersela tranquilla, di berci soltanto sopra dell'acqua minerale, che non succede niente, e che se solo c'è troppa anfetamina, dopo un po' si inizia a masticare coi denti stretti.

A me non passa l'ansia, ma continuiamo nelle chiacchiere roventi, e allora la musica si fa più potente e viva. La notte e il rumore diventano musica, e gli spigoli si fanno rotondi e un senso di calore, di sangue che affluisce al cuore, si riversa nel petto e nelle chiacchiere e tutta l'enorme indefinita poesia del rock 'n' roll, tutto inizia a essere così straziantemente bello, da fare male per lo struggimento. E le pagine di *Sulla strada*, e l'amicizia valorosa, e quella meraviglia, quella perla, che riscalda, e si consuma e muore a ogni accensione, ah.. la bellezza estatica non è solo struggimento della musica, è per quella fiamma che si sente già quasi iniziare a spegnersi, proprio nel momento in cui più t'inizia a bruciare. La fiamma della gioventù! È così indefinibile, così bruciante, e non si sa dove trovarla che io da allora comincio a identificarla in questo Cato, che è anima sensibile e bruciante con cui sto dividendo le parole e l'afflusso di sangue al cuore. Tutto quel mondo più grande di me e introvabile che inonda e lascia orfani da allora lo ritrovo sulla faccia della terra solo in loro.. i miei compagni, Caarlo, Mr Dum, mia sorella, la Ghenga... da allora e per sempre la cosa misteriosa vive in loro. La perla. E per sempre loro saranno la mia casa su questa terra per "La perla".

Ed ecco che dalle casse esce il più grande pezzo di conforto mai scritto. *I Wish I Was in New Orleans*, del vecchio Tom. Viene da buttarsi in pista, nel grotto, e al colmo dell'estasi fraterna, gatti siamesi come siamo, finiamo ad abbracciarci. L'osmosi! l'Osmosi! Iniziamo a dire "ununuto", "abbracciato" alla maniera di Louis Prima. La canzone è un abbraccio e allora non resta che abbracciarsi. "Well, I Wish I Was in New Orleans"... sì sì, vorrei essere a New Orleans, ora, stanotte, una bottiglia in mano, i miei amici ed io.. Claborn Avenue, con me, e te... Tom Jones e tutti gli altri... Sì, così anch'io, per tutte le volte che non ci siete stati, amici miei! E avrei voluto esserci... ecco che vi rivedo.. e nel frattempo Ed, il vecchio Ed, entra e mi appare come appena uscito da una tormenta di neve. "Ed nella tormenta, Cina, e tutta la mia Ghenga, fatevi più stretti attorno." Il Cerchio ondeggia paurosamente. Caarlo, nuovo Sal Paradiso, mi cade quasi addosso, Envisia esce dal banco, e la canzone continua, inarrivabile. Tre minuti di eternità. Abbraccio sottobraccio... per le scale.. voi che fate, che vi dite, dove andate? E tutte mi tornano al cuore le notti in cui sono finito nel silenzio del chiuso di una casa, e tutti voi eravate perduti, e ora qui, come una ciurma... "Well, I Wish I Was in New Orleans..."

E quando l'abbraccio finisce, fuori è la prima luce, viene a frugare dagli spifferi e dalle grate delle porte. Mi trova felice e sconsolato tra i bicchieri di plastica calpestati e lo sporco pavimento del grotto, dove tutto si è consumato. Ho paura di quello che ho appena scoperto, ho paura di non poterci più tornare come prima a casa.. ho paura della “cosa” intravista. Del mare di guai che mi potrebbe portare quel senso quasi mostruoso di felicità, e allora Ed, che è astrologo di famiglia, dice che non devo preoccuparmi di niente, che Giove è dalla mia, che mi è entrato in pieno nella quarta casa... che è abbondanza, vita.. giovialità, ricchezza. Che non bisogna contrastarlo. Che bisogna abbandonarsi al magnetismo terrestre. Che insomma, Vecchio, hai Marte in seconda, Giove in ottava e Venere in retromarcia. Puoi fare tutto quello che vuoi, andrà bene quantunque.

Io con ancora addosso il ciclone emotivo mi abbandono a questi sensi d’affetto, effimeri e fuori di casa, poi la corazza dell’euforia inizia a smantellarsi, e assieme al masticar di denti, arriva un freddo quasi artificiale fin dentro le ossa. La ricchezza mi si leva di dosso e sulla banchina del Murazzo, quando tutte le porte sono ormai chiuse e solo gli avanzi restano della notte, mi sento spogliare di ogni certezza. Non c’è più niente di sicuro. La miseria arriva al cuore... gli ultimi magrebini litigano fra loro. Sono un drappello di sfiniti, vicino all’acqua, vicino alla carcassa carbonizzata della macchina... e di nuovo come un sogno li vedo scendere dalla salita. Hanno le spalle scoperte sotto i corti giacchini sdruciti, e tatuaggi e capelli rasati e tatuate in testa le effigi della fede ultrà, e come in una visione li vedo nell’alba livida, venire dalla collina che inizia a diventare bianca per la luce. Sento le botte secche e i versi laceranti e da sdraiato per terra a occhi aperti sotto quel cielo plumbeo, vedo le nubi sopra la Mole gonfiarsi in piume lanose, come le ali del *Tempo dei gitani*, le incorporee ali del grande tacchino di Perhan, la sua visione di innocenza e di morte.

E non mi sentii mai così vicino alla morte.

Pall

Non c'è niente da comprendere

La paura.
La paura di comprendere che non c'è niente da comprendere
La paura che diventa euforia e ti dà forza, il tuo stato di grazia
L'asfalto che scorre come una suola consumata
Le impronte del destino si confondono con quelle della fortuna
E lo stomaco incassa i colpi dei ricordi.
La musica che ascolti ti parla di fuoco e di pioggia
Fuoco e pioggia
e ti appoggi all'uomo che eri
mentre tutti aspettano l'uomo che sarai
e solo la paura ti dà il coraggio di essere
l'uomo che sei.
Chi ha paura è vivo
chi è già morto, no.

Le cento città

Ognuno ha le sue prigioni
Ognuno ci convive
Ma quando le pareti cominciano a restringersi
le facce diventano anonime
Quando lo specchio comincia a darti del tu
Quando i marciapiedi ti provocano vertigini
e la strada sembra il tuo tappeto rosso
Metti insieme il tuo bagaglio
Riempilo di ricordi, speranze, parole, storie vissute e da vivere
Riempilo di emozioni
illusioni d'epoca
domande e risposte
Trovati un amico e comincia la condivisione
Vai a caso
lascia le tue lacrime sul cuscino
incontrati con la vita
scontrati con il dolore
ruba l'amore
non avere una meta ma cento
prova a ritornare
il ritorno dà senso al viaggio
pensa a Polifemo e alla sua solitudine
rispetta la solitudine altrui

Gira intorno al mondo
non girare con lui
Affrancati da te stesso e dall'attesa
Per amare la vita bisogna tradire le aspettative
Guardati intorno e guardati da chi si professa libero
Il sapore della libertà è la paura
Solo chi ha paura della libertà ha il coraggio di
inseguirla.

Mole contro mole

Nella città della meccanica e della Mole, Enso la prese così grossa che rimase piegato in due, a 45 gradi, e non c'era più modo di raddrizzarsi. Continuava a girare per la stanza così piegato a metà, come un cercatore d'oro, e non c'era nemmeno più verso di deglutire niente, se non ribaltandosi sul letto. Allora Mr Dum provò a raddrizzarlo con cacciaviti, argani e pompe. Ma tutto fu inutile. Enso non si raddrizzava e si infiammava ancora di più ad andargli intorno. Diceva... smettetela, smettetela. Lasciatemi qua, lasciatemi qua. Durò così per un po', poi non potendolo né trasportare né aggiustare lo lasciammo lì, dietro alla Mole.

ROUND 7
Slow jab

Mall

I più pericolosi sono gli ultimi millecinquecento metri

Ci arrivammo così dall'attraversamento del paese. Esanimi.

Avevamo fatto millecinquecento chilometri, ma i più pericolosi furono gli ultimi millecinquecento metri.

La neve orlava le strade e tutto lo stivale, risalendolo, ne riluceva. Coperto, purificato. Il locale era stracolmo, tra l'eternit e i capannoni. In quel tratto finale la strada ci veniva addosso lentissima, aveva preso la sua armonia, come solo può prenderla dopo la lunga percorrenza, quando tutto il molleggio del nostro corpo è diventato gomma pneumatica.

Niente allora ferisce più gli occhi. Solo il movimento rimane, e tutti i luoghi valgono la strada. Nella grande tradotta autoasfaltata, tutto si affaccia nel passaggio, scardinando il conosciuto. Il mondo segna il tempo del fuso orario di bordo. E quando si arriva, si arriva sempre e comunque altrove, dato che la circolazione e lo stordimento danno l'effetto di una notte insonne di differenza.

Per questo motivo il Medico, Mr Dum, teneva al polso un orologio cronografo che segnava tutte le ventiquattro ore e, per conseguenza, tutti i fusi orari del mondo. S'era appoggiato al finestrino come con le ventose ad un vetro di casa, mentre io continuavo ad avanzare, aggrappato al volante, con il mento sopra la materia gommosa dello sterzo, proteso in avanti, intento ad accogliere con tutto quello che ancora avevo il lentissimo avvicinamento del bivio della statale, prospettiva oltre la quale si stendeva quella sporca effimera ultima meta.

Il parcheggio che la neve annerita e sciolta rendeva un pantano, era affollato, intasato, e il capannone fuori orario rimbombava emanando bagliori dalle grate, dalle prese d'aria di scappamento e dalla tettoia.

Alla fine ci riversammo fuori dal mezzo, e fummo di nuovo gambe e braccia, senza più protesi.

Ci sono mezzi che sono mezzi di riflessione. Fanno ritrovare i pezzi perduti, rendono cogitabondi, riflessivi, universali. Quel ferro da trasporto invece apparteneva ad un'altra categoria. La catapulta! Buono per divorare. Andare e andare senza capire. Una volta catapultati fuori, anche le gambe faticano a comprendere il loro senso. Faticano, dopo essere state così a lungo un prolungamento di leve e di pistoni, a tornare alla loro natura di arti moventi.

Così claudicanti ci avventammo dentro, nella ressa, nella calca della birra rovesciata. Lì ci ricongiungemmo alla Ghenga sparsa.

La Luce soltanto manteneva la sua posizione di faro centrale dietro al banco. Gli altri erano seminterrati dentro una botola sotto il palco.

Si erano sepolti nelle catacombe del deposito strumenti dei gruppi d'assalto con le loro meraviglie, e si perdevano nell'umore e nell'incanto, e ancora e ancora... la Bomba raccontava di aver fatto grandi controsterzi la notte di Capodanno sulla piazza di Scandiano, ghiacciata di neve, e di avere avuto la visione di tutti noi, spersi nel paese, come biglie in un grande flipper.

Ed ora finalmente anche noi eravamo lì, dove la cosa stava succedendo. Senza più affannarsi a cercarla.

Prendiamo posizione all'angolo, nel nostro metro quadrato di campo. Tutto sta arrivando... Ed nella tormenta, Rastafaro e tutti gli altri.. Mentre fuori l'inverno ristagna e pesa, come un amante spossato, dentro il caldo aumenta, nel vapore e nel frastuono. Nei bassi toni delle casse, nelle anime vivaci, che si mantengono sulle spalle pelliccioni, giacche bretoni e colbacchi. Nel pieno della curda roboanti all'attacco, fino a quando anche l'inverno non può più nulla ed io, incurante, deambulo fuori, e mi getto fra gli alberi ghiacciati, all'addiaccio, come una sentinella nella notte e declamo nel vento: "Ecco, lo vedete! Così nella notte senza muri attorno stavano gli ussari guerrieri, e conoscevano il significato della notte e dell'alba. E prima che la pianura ci riprenda ancora, la Gioia, la Gioia! Occorrerà celebrare la Gioia! La Gioia vitale e infebbrante!".

"E che fai adesso, ussaro, ti immalinconisci?" sussurrava la Bomba dopo avermi raggiunto lì fuori.. "No, non andartene un'altra volta... No, non è che non ti piace... è che ti stanchi subito... Dove vai a finire?.. fermati, fermati ancora un momento... serbo!"

"Sì. Come i serbi innamorati, ottenebrati dalla loro voluttà di morte. Ah sì, anima dolce! Muoia e si bruci la nazione, per tutta la vita che mi si strappa di dosso! Cadrò così, con la faccia per terra, senza mettere le mani avanti, falciato dagli ultimi millecinquecento metri, col ferro di tutta la nazione ancora in corpo..."

Mr Dum King

Pall

Il Medico della crepa

Eravamo appena usciti dalla balera di Flaco Maldonado, famigerata in tutta la pianura. Il Florida, così si chiamava il magazzino di ricordi che ci stavamo lasciando alle spalle, non ci aveva regalato niente se non tutti i presupposti per un fantastico mal di testa che avrebbe reso nobile un risveglio da sconfitto. Ma nel momento in cui salii in macchina e Mr Mall mise in moto mi sentii pervadere da quella strana sensazione che mi prendeva sempre quando leggevo Kerouac e quando non conoscevo la meta del mio andare. Il fatto di muoversi mi dava sempre quel senso di euforia e paura che allora era fondamentale per sentirmi vivo.

Avevamo appena fatto duecento metri e fummo fermati da una macchina spuntata dalla strada che conduceva alla balera. Scesero la Contessa e Dum Dum. La Contessa già l'avevo incrociata un paio di volte e mi stava pure simpatica. L'altro, Dum Dum, non lo conoscevo ancora e aveva l'aria di uno dei soliti cagacazzo cultori della formula canne-tamburi-raggae verso i quali nutrivo una simpatia pari a quella per le mie emorroidi.

La conoscenza iniziava male.

Poco lontano c'era una festa dell'Ulivo e ci facemmo

convincere ad andare – non certamente per simpatia politica, che la politica non mi è mai stata simpatica.

Dopo quella serata e tutta la nottata che non produsse nulla di epico cominciai a prendere le misure a Mr Dum.

La frequentazione nei mesi a seguire si fece più assidua e la prima impressione cominciò a cambiare. Ero conquistato dalla flemma pacifica e dalla grande capacità di scansare le rotture di cazzo che Mr Dum portava come una corona.

Invidiavo la sua posa da alligatore, pronto a osservare e scattare verso la preda... e la preda era sempre la scelta dei posti peggiori per renderli migliori, ma anche viceversa.

Il viceversa mi attraeva sempre di più.

Non appena si ebbe l'occasione di passare un po' di tempo insieme, senza la Ghenga, ne approfittammo entrambi. L'occasione fu il mio primo reading, alla festa di Cuore, organizzato da La Luce alias Franchino, già fondatore del Fuori Orario, altro club famoso se non famigerato in tutta la nazione. Quel giorno ero ospite di Mr Dum. Lo sarei stato a lungo e più volte nell'arco della nostra amicizia.

Non è facile fare l'ospite. Nel migliore dei casi devi imparare a nuotare entro tre giorni, nel peggiore devi lavarti ed è così che cominciano le peggiori amicizie e si possono evitare i migliori incontri.

La sera del reading venni parcheggiato dentro una roulotte sotto la tutela di due bottiglie di lemonsoda e una di vodka. Mi dissero che a me sarebbe toccato di leggere intorno alla mezzanotte.

Ripassavo i miei scritti e il tempo passava inesorabile dentro quell'involucro di latta che non ho mai amato per via del campeggio e dei campeggiatori – altra razza.

Quando buttai l'occhio all'orologio erano già quasi le due. Mi vennero a chiamare. Sbuffavo come un toro prima di entrare nell'arena e fu grazie a quelle due ore di attesa e roulotte che il mio primo reading fece di quella notte una notte da non dimenticare. Ma questa è un'altra storia.

Quando io e Mr Dum venimmo via dal festival, uno dei due dovette uscire scortato. E non fu lui.

Mr Dum mi riportò a casa e sull'auto andava una musica odiosa, una delle salse latine più becere e ansiose che avessi mai sentito – era Manolin detto il Medico della salsa. Alzai gli occhi e vidi Mr Dum in camice bianco, stetoscopio e trombone, il Medico della crepa, il solo in grado di riparare e curare i danni da lui stesso procurati. Mr Dum era diventato il mio medico, il mio medico personale. In quel momento era l'unico a poter sopportare il mio gonfiore di rabbia, la mia nobiltà decaduta, l'unico che mi lasciava esprimere nel modo peggiore perché sapeva che tanto non mi avrebbe reso migliore. La sua apparente indifferenza era l'unica medicina capace di attirare la mia attenzione.

La mattina seguente, prima di uscire, il Medico venne a sincerarsi che io stessi bene. Gli si presentò davanti uno spettacolo suburbano. Dormivo girato di fianco sul letto e ai piedi del letto regnava, come ai piedi dei peggio frequentati marciapiedi di città, una triste pozzanghera di stomaco. Non mi disse niente in quel momento e uscì.

Quando tornò ero ancora girato sul fianco e la zacchera era sempre lì. Con grande naturalezza disse, smorzando un sorriso: "Di chi è quella roba?". Non mi girai. Allungai il braccio destro e vi intinsi la punta del dito indice e restando nella mia posizione dissi: "Non è roba mia". Il Medico fu conquistato da tanta felinità e sorridendo, mentre mi mandava affanculo, tornò in camera sua. Quando si svegliò la zacchera era ancora lì. Fu lui stesso a pulire apprezzando la mia fedeltà alla linea. Del resto non era roba mia.

"Tu sì che sei un uomo, non un Quaqquaraquà."

Restai per una settimana e non ci fu più bisogno di dire altro.

Il Medico era diventato casa, conforto e complicità – in giro sembravamo il gatto e il gatto e la vita era la nostra volpe.

La sua posa da alligatore era riuscita ad accogliere anche le mie lacrime e a rendere migliore il mio lato peggiore ma anche viceversa, cosa che riesce a fare ancora oggi con somma indifferenza, un'indifferenza che oserei definire medica.

Break

Mall

A Enso della geografia e del paesaggio non gliene importa. I luoghi, i non luoghi.. "A me non me ne frega un cazzo della luna. Basta che ci sia un lampione! È il lampione quello che conta, non la luna!"

Disprezzava diverse regioni d'Italia, anzi praticamente tutte. Alla fine si salvavano soltanto gli Abruzzi e Milano. Ma anche in città le cose non riuscivano mai bene lo stesso. Bisognava forse andarci uno alla volta per essere ricevuti, che quando ci si andava in gruppo si formava la massa critica e finiva sempre male.

Però era proprio dove non gli piaceva che dava il meglio. "La via Emilia mi fa schifo! La via Emilia mi fa schifo!" Ripeteva e così, al culmine della curda, si sdraiò sulla linea bianca continua, in mezzo al nero asfalto della via Emilia. Aspettando che un Tir lo spiaccicasse.

Era una provocazione che amava fare e che a volte aveva provocato ingorghi in città. La sfida agli automobilisti. “Passatemi sopra se avete il coraggio. Tanto non schiatto.” Era la sua roulette russa personale.

La volta della via Emilia fu però la più pericolosa. Lì nel buio della notte nella curva di Sant’Ilario. Lo fece perché si sentiva gonfio di rabbia, e voleva essere schiacciato come un rospo. Nelle favole di solito i rospi si baciano, ma in quel caso finire schiacciato era la sua unica maniera per diventare un principe. Il principe dell’asfalto. E la strada era la sua principessa.

Pall

Cento di questi giorni

Fuori il sole rompeva il culo ai passeri
dentro rompeva i coglioni
Decisi di uscire in preda al profumo della primavera
Appena fuori
calpestai una merda di cane
Avevo bisogno di un po' di fortuna
Andai a comprare delle sigarette
Due pacchetti di Camel morbide
Mi ero già masturbato due volte
E allora mi accesi una sigaretta
Il profumo della primavera era sempre più forte
Passeggiando verso il centro trovai un portafogli,
marrone
settantaquattro euro
tenni i soldi e imbucai il portafogli
La merda di cane aveva fatto il suo dovere
Comprai un bottiglia di Chablis
La cassiera mi diede il suo numero di telefono
Era l'ora dell'aperitivo ed io mi sentivo Botticelli
Il pranzo era offerto da ignoti
E la primavera riempiva i polmoni
Tornando verso casa l'aria mi faceva le fusa

E i rami erano pennelli
Il vento aveva spazzato il freddo
E mi venne voglia di ridere
La primavera era entrata in casa con me
Mentre fuori il sole scherzava
Mi tolsi le scarpe
Aprii lo Chablis
E quel giorno...
Feci l'amore con la vita.

ROUND 8
Autostima

Mall

Reading

"Andai alla macelleria preso per fame. Presi la birra. Aveva la Splügen e la Forst. 'La Forst,' disse, 'è fantastica.' Si sentiva in dovere di consigliare i clienti. Il macellaio aveva la cassa distaccata dal banco, come un piccolo abbaino. Lì dentro stava la moglie in distaccamento, così incanagliati passavano la vita..."

Leggevo queste cose alla Bomba portandomela a passeggio nel primo caldo della primavera.

Era uno strano modo di passeggiare. Le avevo messo l'angolo acuto del braccio destro attorno alla gola, col triplice risultato di strozzarla, bloccarla e avere a disposizione, davanti al naso, il taccuino degli appunti. Così passeggiavamo nelle laterali di via Juvarra. Poi ci venne sete, e non volendo disperderci nella cricca di bastoni, scendemmo giù nel locale.

Il pavimento era di legno scuro, da sala da ballo, quale veramente il Cafè Procope diventava il venerdì, quando si trasformava in tempio del tango.

Il personale ultimava i preparativi. L'accordatore era arrivato tardi, e stava mettendo a punto uno Yamaha imbolsito dalle serate. Era un vecchio canuto, con gli occhiali. Vedendomi così abbarbicato si scusò nel convocarmi. Poi disse: “Maestro, come lo volete il piano?”.

L’avrei abbracciato, invece andai al bancone e attaccammo le bottiglie a noi riservate. Era un rosso di Torgiano. Io non mangiavo da un giorno, così, nella lettura grecoromana abbracciata, il vino mi andò dritto all’anima e al cervello. Iniziai a versare nella mia anfora tutte le rivelazioni di cui ero capace. E lei ascoltava mormorando: “Sì, sì”.

L’avrebbe detto comunque, ma ogni volta che commentava qualcosa era un crepitio d’ironia e di spirito che illuminava.

Si sa che nell’eccesso di possibilità si riduce la scelta, così come nel clamore delle anime vivaci si riduce la possibilità di dirsi qualcosa. Annaspiamo tutti come falene impazzite e ci frantumiamo, ma questo, forse, è un problema mio.

Ad ogni modo il vino mi ribaltò subito. Cappottai, proprio come Camoia col trerruote. Il mio tutore mi venne a prelevare per portarmi al ristorante. Io morivo di fame, ma non ci volevo andare. Sapevo che seduti a tavola sarebbe finito tutto. Ci saremmo piantati nello sforzo di costruire un’altra cosa. E io stavo bene dov’ero. Ciò nonostante mi ritrovai di nuovo in mezzo all’orribile strada, nel caldo della sera. La Bomba era sparita e io ero rimasto con Strenga e questa dolce signorina sconosciuta a cui non avevo la forza di dedicare nulla, né della mia attenzione né della mia pazienza. Così la persi subito, la pazienza.

“Dove cazzo sono quei due?”

“Adesso arrivano.”

“Sì, ma io voglio mangiare con loro, non con te! Dove sono andati loro?”

“Eh... loro sono là.”

“E perché non sono qua? È colpa tua se non sono qua, cazzo! Io non voglio essere da solo qua, e soprattutto non da solo con te!” Così mi espressi, con questa gentilezza, infuriato senza sapere perché.

Ma l'amicizia a volte è così, come le zanzare d'estate. Non sono necessarie, ti irritano eccome, e in quel momento Strenga, anche se non era estate, era comunque la mia zanzara. "Vaffanculo. Uno ci mette tanto a darsi un momento e poi lo baratta con un ristorante!"

Ci trovammo di sotto. Resistetti cinque minuti e poi me ne scappai per le strade.

Il vino m'aveva fatto cattivo. Giravo da solo nel traffico. Vidi l'insegna di un cinese. Ci entrai. Sembravo un pazzo. Ordinai un riso alla cantonese.

"E basta?" chiesero.

"E basta!"

Uscii e stavo peggio di prima.

Ci mancò poco di venire investito. Me ne tornai dentro. Una signora magra con gli occhiali mi chiese un autografo. Io ero marcio e avvelenato. Avevo finito i copertoni. Me ne andai bestemmiando. Era tardi. Tempo, tempo. E non avevamo deciso niente. Che cosa leggere? Quali battute!? Io perdevo tempo solamente. Non ero preparato. Le spade stanno a riposo, e i foderi fanno la guerra!

Ci dovemmo avviare comunque. Me ne sarei scappato volentieri. Mi sarei perso in qualche ristorante anche cinese, pure africano, slovacco! Invece c'ero in mezzo. E in mezzo alla strada c'era pure un sacco di gente. Strenga disse: "Vecchio, guarda, abbiamo bloccato una strada, ti rendi conto?".

"Vaffanculo! Un'altra volta. Ma si può entrare senza essere visti?"

Di questo soltanto mi preoccupavo.

"Vieni, vieni." Mi fecero scendere le scale di un locale adiacente, un teatrino all'orientale. Era smontato e dietro a certe proiezioni suonavano una musica che un po' ricordava il teatrino cinese di *C'era una volta in America*. Ma non era quello il teatro destinato a noi. Entrai nella bolgia. Per arrivare al palco bisognava passare in mezzo alla gente, che bisbigliava ad ogni passaggio. "È lui, è lui. Ma perché non ci guarda, perché non ci dice niente? Siamo qui per lui..." Incurante e ignorante dei commenti, in piena immersione, a naso chiuso deviai verso il bar e mi infilai in cucina.

Li sentivo, mi rendevo conto di quello che dicevano, e ciononondimeno mi affrettavo di più. Ero scortese, certamente. Antipatico, di più... ma l'ingresso al palco non c'era e di sicuro era colpa di Strenga. Ero troppo impegnato a maledirlo. Io non so dire ti voglio bene, e ogni volta prendo il palo. E del resto non posso essere quello che volete voi e se lo fossi, come dice Enso, sarei già morto.

Chiesi da bere. Ma il barista aveva le sue cose e noi non eravamo il suo tipo e ci scacciò perché la cucina era troppo piccola e noialtri non ci stavamo dentro tutti quanti. Allora ci toccò attraversare di nuovo la sala. Siccome avevamo con noi le bocce in custodia, ci videro passare armati. Non mi piaceva questa faccenda, perché la gente poi si prende confidenza. "È lui, guardalo! È già tronco! Ma perché non dice niente? Ehi, dammi una birra anche a me! Ehi..." Io continuavo ad andare dritto, come prima. "Ma perché non le ha portate Strenga! MannaggiaaStrenga! Diofa'!"

Era molto tardi e in sala si rumoreggiava. Quelli che erano lì a sedere avevano preso il posto due ore prima. Dietro al palco c'era una stanza minuscola, con un lavandino e nient'altro. Solo un séparé nero a dividerci dal resto. Ci davano dentro tutti. Mia sorella, che di nome d'arte faceva Romario, giacché era una fuoriclasse, ordinava solo caipirinha. Strenga andava a Jack and Ginger. Io a rum e vino rosso. Cinaski a Cuba Libre. Già si scoppiava lì dietro. Il caldo saliva come da una stireria.

Ci mandammo tutti affanculo, poi salii su. La sala si vedeva come da un filtro azzurro, per via dei due fari blu. Nel fumo s'intravedeva gente seduta, trabordante ai lati. In piedi al bar. Era un sottomarino pronto per scoppiare. In strada la gente non se ne andava. Non potevano entrare, ma non andavano via. Mi avvicinai al microfono. Non sapevo di preciso cosa avrei detto, né cosa avrei fatto.

Ma la gente aspettava.

Parlai del camionista Scatozza, che ero stato fortunato a non crescere a Cantù, che in quel caso sarei stato assunto in un mobilificio e sarei morto di overdose chiuso in un armadio a muro. E che invece era stato molto meglio crescere tra i Kuta Kuta. E poi che la colpa era tutta dei miei peggiori amici, che io ero l'effetto ma loro erano la causa. E poi lessi un brano di *Aspetta primavera, Bandini*, dove Svevo si trova con Rocco Saccone, lo scalpellino, che portava i pantaloni di flanella anche in estate.

Forzavo sui nomi e quelli rumoreggiavano e ridevano. Ma io non sapevo se volevo farli ridere o piangere. Non sapevo niente. Andavo avanti, come Vito Antuofermo contro Marvin Hagler.. "I no so, i va avanti, i mena!" Poi cantai una canzone e poi.. Non riuscivo ad essere altro che un intrattenitore, sulla soglia di tutte le arti. Allora invitai Cinaski sul palco. Aveva un impermeabile beige, un regalo di mammà. Esordì con la faccia rivolta al muro.

"Buonasera, scusate le spalle," disse, e, girandosi, "scusate la faccia. Dovete sapere che io sono un uomo che sin da piccolo ha fatto girare la testa alle donne. Dall'altra parte."

Qualcuna seguì il consiglio, ma per lo più fu ben accolto. Lesse: "'L'ho fatto io' 'Cosa, papà?' 'Tutto quello che vedi!' 'E tra tutto questo che ho costruito io, dimmi, cosa c'è che non vedi?' 'Cosa, papà?' 'La crepa, figliuolo! La crepa'". E poi *I vecchi del Caffè Roma* da *La confraternita del Chianti*.

Io l'accompagnavo, stendevo arpeggi sul pianoforte. Non guardavo nessuno, mi sembrava di sentire tutti. Lui arringava. Quando finì non seppi più come riprendere il discorso. Rimasi a galleggiare nel caldo della sala. Mi aggrappavo ai tasti come un naufrago, cercando un'idea, una cosa da dire, poi mi feci forza e mi alzai, andai al microfono e lessi il mio *Elogio del motel.* Applaudivano. Continuai lo stesso. Ingollai un bicchiere di rum, rallentava i movimenti. Però continuavo.

Poi lessi *L'arte di andare per concerti* e poi *Ovunque proteggimi*, una poesia. Ripresi a suonare. Chiamai ancora Cina. Stavo iniziando a pentirmene, perché dopo non sapevo come riprendere. Il ritmo era sceso, la gente era stanca. In sala il caldo era come all'hotel Gibbuti Inn, così raccontai la storia di Kalakuta, la repubblica dei Fammafuma. Dietro la tenda intanto il movimento era sempre più intenso. A Romario avevano vietato i drink, Strenga si era preso male coi gestori. Quantunque tutti fossero ubriachi, e io più di loro, mi voltai e chiesi un rinforzo. La pausa risultò ancora più lunga. Era diventata una sospensione. Ancora mi alzai nella nebbia azzurra e lessi dell'inedia, della disfatta della Beresina.

Mr Dum, Rastafari, il preparatore atletico, batteva i piedi. Era lui il vero spettacolo. Entrò con il trombone che non sapeva suonare. Lo adoperava improvvisando, come fa con le lingue, che parla tutte senza conoscerne nessuna. Entrò spernacchiando nel trombone con una flemma ed un passo da astronauta. Era come Armstrong sulla Luna.

La sala ne rimase stordita. Con lui parvero entrare tutte le anatre mute che affollano il Chiavicone. Poi attaccai un mio pezzo a metà della velocità. Se quello era il ritmo delle cose, non bisognava contrariarlo. Andando a metà del tempo potevo dimenticare parole, recuperarle, fare come il meccanico Scatozza, che quando riparava il camion avanzava una carriola di pezzi, ma alla fine funzionava lo stesso...

Nel finale scimmiottai addirittura Louis Prima, incitando, implorando: "Ohi mammà, ohi mammà". Poi però me ne pentii subito. Applaudirono. Finalmente guadagnai il retro. La Ghenga era allo sfascio. Mr Dum – il Medico – rantolava. Dissi: "Vecchio, vuoi fare *Cane e gatto*?". Era il suo pezzo forte. Cinaski come certi filosofi fondava la sua poetica su un dualismo universale. "Cane e gatto", "ghiaccio e fuoco", "cazzo e fica", era ambidestro. La sala rumoreggiò, spossata ancora più di prima. Fu allora che ci venne in soccorso, secondo le sue intenzioni, il Songhioattore. Il nome se l'era guadagnato negli anni, parlando sempre in dizione a qualsiasi ora e in ogni situazione. Adesso faceva l'arringatore di folle nei centri commerciali e si sentì in dovere di intervenire. Volle addirittura salire sul palco dopo aver gridato "silenzio!" oppure "sì, sì!" tutta la sera. Ce l'aveva col bar, che faceva troppo rumore.

"BASTA! È qualcosa di bello! Fermatevi, fermatevi!" Diceva, cercando di zittirle, le torme.

Che si stesse zitti! Che si ascoltasse! Che ci si rendesse conto di quale miracolo stava succedendo lì dentro! Ma io lo contrastai difendendo il diritto della clientela a fare rumore, e anche a insultarci. Poi dissi a Strenga: "Allontana da noi questo pazzo".

Il Vecchio portò a termine la sua poesia, tra i miagolii e gli ululati del retropalco. Era ormai un unico languore di felini. Cinaski, da dentro il suo impermeabile svizzero, ne fu soddisfatto, e cominciò a miagolare anche lui. La gente non ne poteva più. Ripresi il microfono e lessi, direttamente dagli appunti, *Il mio cane con petigree*. Fu un successo, nel senso che successe. Forse avrebbero applaudito comunque. Oppure no, ma c'era troppo caldo. Non mi sentivo di avere rispettato le notti insonni, gli appunti rubati nei bar con scorno dei miei compagni, e nemmeno l'epica che mi sottraeva dal mondo, o quella febbre che ci fa sentire la vita degna di essere raccontata.

Tutto era passato troppo in fretta e in balia di troppe condizioni esterne.

Mi sentivo in mezzo a un'altra cosa. Mi frantumavo. Quelle erano faccende per cui avevo dato la vita, ma nell'organizzazione prendevano un vestito, si allontanavano, e tutto era come un anestetico. Ero sordo e cieco, fino al momento di finire, allora mi prendeva una specie di nostalgia come per tutte le cose possibili, che si amano solo un poco dopo. Arrancai un'ultima volta sul palco, girai intorno al microfono, la sala attese qualche minuto, diminuendo un poco il rumore. Allora dissi soltanto: "Attenzione a dove appendi la giacchetta".

Scesi finalmente nel retro, poi mi accorsi che avevo lasciato sul piano i miei taccuini. Chiesi a Strenga di recuperarli, ma fu inutile, uno mancava. Allora la rabbia covata così a lungo si sentì in diritto di uscire. Per prima cosa spaccai la prima bottiglia di vino che avevo a disposizione. La spaccai nel lavandino. I vetri arrivarono dappertutto. Io mi tagliai il dito pollice.

Il lavandino si riempì di vetri e di sangue, come un Bloody Mary. Urlai: "BASTARDI!". Non bastava avere cacciato a vanvera la serata, mancava solo che mi rubassero i quaderni. "BASTARDI!" e calciavo l'armadietto di metallo. Tutti scapparono per paura dei vetri. Quando Romario mandò a dire alla Bomba che forse sarebbe stato meglio che io uscissi per firmare gli autografi, lei rispose: "Vacci tu lì in mezzo".

Il Songhio colse subito l'occasione, e invece di fare un normale annuncio, tirò in ballo la dignità della città.

"Come?!" diceva, "la città che ha dato i natali al grande Macario! La città dei Savoia! Avanti Savoia! La città del Re! Che per prima ha ospitato..." A quel punto, forse schifato da tanto, il taccuino ricomparve a bordo palco. Lo trovò Ed e lo consegnò al Songhio che, orgoglioso, lo mostrò alla sala, aggiungendo ringraziamenti ancora più pomposi della richiesta. Stavo già calciando il muro e sentivo il desiderio di ucciderlo. Allora l'organizzatrice del reading scoppiò in lacrime. Piangeva nello stanzino pieno di vetro e di spruzzi di vino.

Io guardavo tutto bruciare. Non sapevo come uscirmene da lì. Qualcuno si azzardò anche ad affacciarsi sorridendo, chiedendo una foto. Intanto la gente iniziava a guadagnare il bar.

"Per favore, non facciamo commenti," dissi, "i commenti uccidono qualsiasi spettacolo."

Tornai al City Hotel. Nella sbornia mi portai alla mia camera, da solo. Entrai. Era ancora molto confortevole. Le foto del Grande Torino appesa alla parete colorata di giallo. La discrezione degli addetti. E poi i bagagli portati a mano, le porte borchiate, le suppellettili architettoniche.

Appoggiai la testa al doppio cuscino e guardai di fuori. Nel cortile erano delle astratte figure di neon che si accendevano di notte, come a Las Vegas. Erano avvolte su se stesse, una rossa e una blu. Poi svenni così, con questo spettacolo negli occhi.

Mall

Pall

...Il reading ha un fascino a sé. Mettersi davanti a un microfono... zittire il brusio.. sulla soglia di tutte le arti. Questo ci spingeva verso la celebrazione delle storie e dei personaggi del rancoroso della letteratura americana. Il Procope attendeva questa celebrazione ma non aveva fatto i conti con il rancoroso della letteratura italiana. Nic era nervoso da subito, la folla stringeva alla gola, stringeva fino alla morte degli entusiasmi. Io cercavo di parare i colpi della disfatta, ma tutto andava bene comunque... Nic voleva essere da un'altra parte, a tirare sassi ad una finestra spenta, aveva voglia di luci di Natale, di chiasso e dignità ma li c'era solo chiasso... E con la dignità di un gatto senza amore cominciò a spaccare bottiglie nel camerino, ferendosi ad una mano e colorando di rosso tutto il lavandino già annacquato dalle lacrime dell'organizzatrice... la folla non capiva ma era contenta... io avevo capito ma ero contento... Nic non era contento e non riusciva a capire perché doveva mettersi davanti a un microfono... zittire il brusio.. proprio quel giorno che voleva fermarsi davanti alla soglia dei suoi desideri... ma il reading ha un fascino a sé...

Pall

Il mio primo reading

Eravamo al festival di Cuore, l'ultimo.

Ero rimasto solo. Da più di due ore. L'unica compagnia era una bottiglia di vodka e una di lemonsoda gentile omaggio dell'organizzazione per tenermi buono. Non sapevano che la vodka quando è in compagnia della solitudine rende cattivi. Solo quando si è cattivi, si è sinceri e si può incontrare l'amicizia eterna, perché è fin troppo facile fingere di essere buoni ma è praticamente impossibile fingere di essere cattivi. Io ero all'apice della mia sincerità visto che ero in cattività dentro una roulotte ed ero incattivito dall'attesa e dal nettare russo.

Mi era stato detto che dovevo esibirmi intorno a mezzanotte con l'accompagnamento musicale e affettivo di Mr Mall.

Erano le due. La vodka era finita e la serata stava per iniziare.

Guadagnai il palco dopo l'esibizione di Bonetti che intrattenne oltre il dovuto con la solita marmellata da falò e feste socialmente utili, dove tutti fingono di essere buoni come l'alcol che si bevono e l'impasto che si fumano.

Io non ero radicale e sicuramente non ero chic.

Mi scortava sul palco la bodyguard Jack, che quell'anno ci seguiva sempre, nostro malgrado, solo per motivi di deambulazione. Come salii, Mr Mall si sistemò ai piedi del palco esattamente sotto di me e cominciò con un tema di accompagnamento. Recitai la mia prima poesia e poi un'altra e un'altra ancora.

Avevo diviso il pubblico: alla mia sinistra erano con me e inneggiavano la nascita di un nuovo poeta, un poeta maledetto, quelli alla mia destra, radicale, bonettiana e assolutamente chic, avevano capito che più che un poeta maledetto ero uno che gli aveva detto male e invocava le canzoni di Mr Mall o il ritorno di Bonetti.

Stavo per cominciare una lettura quando una fanciulla, leggiadra come un cubetto di ghiaccio dentro la vodka, si alzò guadagnando il palco e, porgendomi una bottiglia di vino rosso, mi invitò a buttarne giù un po'. Non me lo feci dire due volte e tirai un sorso lungo e deciso.

Mentre lei riguadagnava il posto il vino arrivava veloce giù nello stomaco dove trovò altri ospiti – vodka e lemonsoda – quindi salutò, perché non si piacevano, e tornò su molto più velocemente di come era disceso ed uscì dalla bocca e dagli occhi sorridenti schizzando una parte di palco e i piedi del pianoforte di Bonetti evitando di poco Mr Mall. Io, nel mentre, rimanevo in piedi dritto su me stesso, per niente radicale e per niente chic.

Scatenate l'inferno, pensai in quel momento.

Invece da sinistra si cominciò a inneggiarmi come si inneggiano le squadre di calcio, da destra si cominciò a urlare e insultare, Bonetti chiamava la sicurezza piangendo il suo piano elettrico. Quello che rimase della destra allora si decise in una forma di contestazione morale, estetica e discriminante. In fondo gli avevo dato quello che aspettavano da tempo, la possibilità quasi nostalgica di diventare cattivi ma politicamente corretti.

Venne fuori anche la mia di cattiveria ma solo verbale e cominciai a elencare quello che si meritavano, la gente e i nomi di quelli che cantano l'amore facile, certe nottate, le locomotive e le albe chiare...

Estrassi il portafogli, vuoto, e lo lanciai sul pubblico, ingollai ancora un po' di vino e finii la mia ultima poesia.

Jack, la bodyguard, mi venne a prendere e mentre scendevo giù dal palco la sicurezza, che nel frattempo era arrivata, aveva ritrovato il mio portafogli, pieno di numeri di telefono.

Venni scortato fuori insieme al Medico e ci avviammo verso casa.

Il giorno dopo Mr Mall doveva esibirsi sul palco centrale del festival e chissà per quale motivo gli chiesero se anche io volessi fare qualcosa, che so, una lettura. Accettai e dopo le presentazioni di rito e dopo che Mr Mall mi invitò a salire, mi avvicinai e appoggiai sul pianoforte una confezione da sei di birra, ne aprii una e dopo un sorso guadagnai il microfono.

La prima fila in estasi per Mr Mall mi guardava incuriosita domandandosi chi fossi, poi qualcuno mi riconobbe e sparse la voce di quanto era successo la sera prima.

Al primo vociare – "È Cinaski, è Cinaski" – corrispose un arretramento repentino di circa un metro di tutta la prima fila. Le mie prime parole al microfono furono: "Se bastasse rigettare per guadagnare il palco centrale non dovrei essere qui da solo...".

Me ne andai. Da solo.

In fondo gli interessava più del mio stomaco che della mia poesia.

Pall

Mall

Ma in definitiva fu tutta colpa dell'organizzazione. L'avevano tirata per le lunghe con le dediche e le canzoni. Avevano fatto aspettare troppo la star e quello fu il risultato. Erano tempi in cui le cose andavano veloci. La carburazione base si raggiungeva al massimo in quaranta minuti. Bisognava arrivare in fretta al risultato. Nelle due ore che lo fecero aspettare, il Vecchio andò oltre lo zenit e quando ebbe il microfono davanti farfugliò qualche insulto e poi fece la pizza così all'impiedi. La gente rimase attonita.. "Oddio, sta male? Cos'è, una finta?" Un disagio iniziò a serpeggiare tra i campeggiatori ecologici. E Bonetti venne da me infuriato e disse: "Ma come? Io ti ho dato il piano fidandomi che eri un artista, pensavo ci cantassi qualche bella canzone, come l'anno scorso e invece guarda che schifo..! ma roba da mat.." berciava andandosene. Ma quello era un anno prima. Ora era nata una celebrità.

ROUND 9
Laggiù qualcuno ci ama

Mall

La linea d'ombra

Rimase così, in smoking, ad ascoltare Louis Prima sulla spiaggia.

Tutto era successo. Rimanevano soltanto loro tre, brancolanti sulla spiaggia.

Uno con la giacca verde, gli occhiali d'alluminio e i pantaloni bianchi.

L'altro corpulento, con la giacca di lino nocciola alla Harvey Keitel e la t-shirt blu.

Si erano addormentati sull'erba verde del parcheggio.

Mr Dum, dietro i suoi occhiali di alluminio, disse con la faccia rivolta al cielo:

"Diffidare di quelle che fumano le sigarette senza mani. Sono dei generali. Bisogna sempre stare attenti".

L'altro disse: "Diffidare di quelle con le scarpe basse. Sono veloci a lasciarti, ma ancora più veloci a riprenderti".

Io dissi: "Diffidare di quelle che non chiudono gli occhi mentre ti baciano. Stanno già guardandosi attorno".

Era un pomeriggio di luce e di caldo. Come se si fosse da un'altra parte, fulminati dal cielo del Messico. Però l'unico modo per arrivarci a quella condizione era stare alla larga dai locali. Ti fanno desistere. Ti convincono che non va bene. Ti inchiodano al tavolo. Io avevo gli occhiali verdi e striati e felice nella mia giacca bianca sgualcita. Felice come Louis Prima. Era un attimo perfetto, fatto apposta per finire.

Passammo attraverso il cerchio abbagliante. Tra il fango del canale e delle brume.

Adesso la loro voce mi rimbombava attorno, ma per quanto mi riportassero al genere umano, restavano irreali. Le facce soltanto mi sembravano conosciute. Eravamo tutti stravecchi. Non ci toglievamo nemmeno gli abiti. Stavamo così sul bagnasciuga, a prendere un po' d'acqua ai piedi. Eravamo i nuovi vecchi.

Li guardavo come fossero controfigure. Ne avevo perso il contatto. Riconoscevo le ombre, ma ero solo sul cuore della terra.

Come un Edipo accecato mi allontanai da quel coro sulla spiaggia e un'erinni mi mise in bocca parole:

"Non c'è più luce nei miei occhi. E le parole non mi crepitano in bocca. Ascolto in balia di altre opinioni e non so che direzione prendere. Sono morto. Seppellitemi nella mia auto. Non ci sono poeti a riscaldarmi l'anima, e nemmeno vicoli. Ho perso l'amore e la luna mi è indifferente. Il quartiere è passato. I miei amici ruttano e io sento solo il rumore del loro ruttare. Non ho più parole. Cosa mi ha ucciso? Forse che ad amarla la vita, anche dalla vita si rischia di essere lasciati?"

Dalle porte aperte della macchina arenata nella sabbia usciva Louis Prima. Si spandeva tra le carraie e gli sterrati e tra gli alti giunchi scorrazzanti al vento.

Mr Dum disse: "Andiamocene, è ora. Quando attacca Sam Butera, vale tutto".

"D'accordo. Dove vuoi stare, Vecchio?"

"Be', o davanti o didietro."

Mr Dum disse: "A me non me ne importa. Una volta trovato l'incastro, per me possiamo andare fino a Battipaglia".

Viaggio a Kuta

La lancetta della temperatura era sempre sul rosso. La perfetta diagonale balcanica. In alto, in rosso la temperatura, in basso, in rosso la riserva della benzina. Correre sul disastro insomma. "Non ti preoccupare, a questa la febbre gli viene a 42, vai avanti." Così sorpassai un pullman, metà arancione e metà panna, con le insegne di radio Bregov, Cecoslovacchia. E poi la strada si fece più tortuosa e in salita. Davanti a noi una vecchia R4 procedeva a basso d'uomo. Dentro, due scalpellini con berretta e visiera. Non se ne importavano e se la raccontavano. Dalla parte dietro avevano smontato i sedili, portavano a cassone livella, secchi, cazzuola, fracasso, staccio e fratassino. Erano scuri di pelle come saraceni.

Il bagagliaio dello Scania era così composto: macchina per scrivere elettrica, tostapane eventualmente collegabile all'accendisigari, cartone di vino macchiato per la rottura a pressione di una bottiglia, gallone di verdicchio, fisarmonica senza custodia, borse e puzza di aglio e di salame. L'odore dei grandi viaggi insomma.

Già dalla costa si sentivano botti e controbbotti di feste patronali. Veniva da chiedersi allora come ci avrebbero accolto laggiù, nell'interno. Forse con branchi di gallinacci da corsa. Forse avevano organizzato una battuta di caccia in nostro onore, azzardò Mr Dum, e non se ne trovava più neanche una cresta.

Il distributore era affollato di gassisti e nei grill erano già spariti i panini tradizionali, niente più Fattoria e Camogli, da allora in poi solo pane e salsiccia, madonne di plastica e mezzibusti di padre Pio.

"Lassopra ci sono passato," affermò nostalgico e ispirato Mr Dum, "Roccasecca. Era di Pasqua e nevicava. C'erano solo vecchi e buttane, le buttane però erano quelle che ci eravamo portate da casa."

Lungo i guardrail dell'autostrada dei fiori, a due passi dal mare, un cavalcavia blu.

"Andiamo, andiamo a vedere il paese dei Coppoloni!"

"Sì, sì," si esaltò Mr Dum, "I wonna be coppolone like you!"

"Arriveremo al tramonto, col sole di dietro, così non riusciranno a distinguerci, anzi non riusciranno a centrarci. Come gli indiani."

"La temperatura aumenta. Qui va a finire che arriviamo in Scania e ce ne torniamo in trerruote. Bisogna stare attenti se si rompe un pezzo, perché i meccanici Kuta conoscono solo l'Ape. Non conoscono l'uso della quarta ruota. Dovremo fare come i messicani, come Sal Paradiso, metterci a cassone, ubriacarci dalla damigiana e chiedere davanti in cabina: 'Allora, quando cominciamo a lavorare?' e quelli faranno: 'Craj, Craj, come la cornacchia'."

"Ferma, ferma! Ha fatto la fumata bianca!" La lancetta era uscita dalla corsia. Il motore era tutto sporco d'olio e nella vaschetta l'acqua bolliva. "Puoi buttarci la pasta!"

Arrivammo all'area di servizio. Il tipo era basso e furbo. Disse: "Basta così, ho già capito tutto". E appena mi fui allontanato aggiunse: "Qui bisogna cambiare i pezzi prima al padrone e poi alla macchina". Al ritorno me la trovai già sollevata sul ponte, con un capannello di congetturanti attorno. Intanto quello ci aveva già rifilato la tanica da cinque litri d'olio, con la scusa che lo consumava. Gli dissi di tenerselo. Laggiù dove dobbiamo andare ho mio zio che è meccanico e mio cugino ha una raffineria. "Va bene, va bene," disse, e provò a fregarci sul resto, poi fece il gioco dei tre bussolotti e alla fine, in simpatia, ci regalò un atlante dei paesi d'Europa.

"Consultiamo le carte allora. Dunque che rotta possiamo fare?.. mmhh, Monteverde, Picchiobagno, Calitri. E che è, la Via della seta?"

"A proposito," fece Mr Dum, rivolto a Cinaski. "Lassù a Recanati, te la sei finita la spina?"

"Certamente. L'ho detto e l'ho fatto. Gliel'avevo giurata. Non me ne vado di qua finché non ho finito la spina della birra."

"E a che ora ha dato l'ultimo zampillo?"

"È morta all'alba. Come gli eroi."

"Qui i tramonti sono lunghi come in Norvegia," disse Mr Dum, il viaggiatore, contemplativo. Io intanto pensavo già al mio vecchio. Al suo casotto nella vigna dove teneva pure i calendari con le donnine nude, al motorino Bravo Piaggio con cui andava su e giù per la costa, da quando l'aveva smessa coi muli. All'ultima volta che l'avevo visto. "Vi trovo bene," gli avevo detto... "Sììì," aveva risposto lui. "Dovrebbe sentirsi così chi mi vuole male!"

Finalmente lasciammo la terra dei Sanniti e ci addentrammo nel territorio dei Dauni. "Non bisogna preoccuparsi della temperatura. I meccanici Kuta sono abituati all'ebollizione. Sono sempre in surriscaldamento. Oppure possiamo mettere il Verdicchio."

"Sì, sì, il Verdicchio è speranza!"

"Ma quand'è la prossima area? Ecco qua, Strifone nord, milleduecento chilometri."

"Questo non è un viaggio, è una crociata. È l'apertura della stagione! E non si può sapere quando si arriverà."

"Quantunque tutte le avversità sono venute da quando abbiamo perso l'aglio."

Eravamo partiti con una grossa corona d'aglio, buona per tutti gli usi, ma soprattutto, diceva Mr Dum, per non essere attaccati all'arrivo. Però ci era stata rubata a Recanati nell'operazione del sequestro auto. "L'unica è mantenere l'andatura." Lo Scania però dava l'impressione di non volerci arrivare alla fine del viaggio. E sarebbero stati problemi perché i Kuta non te la prestano la macchina. Di sicuro. Nemmeno la bicicletta.

Ecco il bassopiano Daunio, e il massiccio da Ayers Rock del Gargano. Nella zona daunia si realizza l'intersezione d'Europa. Targhe di tutto il continente, ma abitanti solo dello stesso paese. "E poi i Sanniti batterono i romani," spiegava Enso, scaldandosi, "e li fecero passare sotto le forche caudine... La vera causa della caduta dell'impero romano fu l'introduzione del vino," concluse... "ma anche le buttane fecero il resto".

Calò finalmente il buio, quando imboccai l'Ofantile. La strada un tempo pezzata e piena di buche. La strada del mistero delle albe finali dei viaggi d'infanzia.

Bisognava fare attenzione alle buche, ai semiassi, quando si arrivava nei primi vapori dell'alba. Alle buche e agli attraversamenti imprevisti. Da lì in avanti non c'erano più frecce. "Per proseguire, bisogna seguire le tracce."

"La prossima città è Candela," affermò Mr Dum, "e per arrivarci bisogna seguire le tracce di faraona. Da Candela a Calitri, invece, quelle dei tacchini."

Dalla strada, tra le pezze di catrame sull'asfalto e i lampadari dei paesi appesi ad altezze diverse, di tutto quel mondo, s'intuivano solo vagamente i profili dei rilievi e il cielo enorme sopra, e la luna accesa.

Ecco la massicciata, ingabbiata dalle reti metalliche, tra i rilievi di Lacedonia, dove stanno i Lacèdoni lontani, esotici parenti d'oriente dei Kuta. Come non ho pensato a un boccione per festeggiare? Non sono più lucido come una volta. Quando scendevo dieci piani con due litri e poi tornavo su a prenderne altrettanti perché avevo il dubbio che non bastassero.. I tempi in cui si scontravano le masse critiche. Avevamo passato cinque regioni. All'ingresso del Molise si era brindato alla salute del vecchio Nic Molise. Nelle Puglie scaricammo olio esausto, negli Abruzzi fu lo Scania a sbuffare in segno di saluto. Noi ci girammo verso il cofano aperto, che era tutto fumo, e come fosse la Mecca ci genuflettemmo e supplicammo: "Pietà, pietà, facci continuare". E per pietà continuò: "Ma appena varcheremo la terra dei Kuta," profetò Mr Dum oracolare, "avverrà la metamorfosi. E le ruote da quattro diventeranno tre, l'abitacolo si restringerà e prenderà la forma triangolare del fusto cabinato a testa di Ape".

Dopo Bisaccia, sull'altipiano del Formicoso, roteavano le grandi pale eoliche, come mulini a vento.

"Vai piano, rispetta l'andatura, che questa ci ha il soffio al cuore." Ma la vecchia non riusciva più a salire. Emetteva sibili che sembravano le frequenze delle radio a onde medie. Dalla fame a quel punto, Mr Dum cominciò a contare le cannazze anziché le pecore. Passò una Fiat 131 con un lampeggiante posticcio applicato sopra e legati alla marmitta una fila di barattoli. Ai tempi in cui tutta la felicità stava in un gelato, in un bif verde, sbirciare nei cruscotti delle macchine era una gran curiosità. Dare un'occhiata al contachilometri, quello che segnava di più, quello andava più forte. Erano fatti a forma di sveglia, o anche orizzontali, come un termometro. Quelli delle Fiat 1500, e poi le vecchie 124 special T, con le codi di volpe attaccate, le 600 multiple, il taxi presidenziale autonoleggio a otto posti, col cambio al volante..

Ecco la prima casetta cantoniera dell'Anas! Qui è terra di serpenti come boa. L'Impastoravacca, il boa dei Kuta Kuta, che si aggrappa alla zampa della vacca e le succhia il latte al posto del vitello, il Cortopiede e poi il Pizzica Madonne, e la Malogna, che tutti la cacciano e nessuno l'ha mai vista. Le molte malebestie di queste terre. E le radio, i vecchi apparecchi da tirare fuori solo per le feste da ballo, quelli con dentro il sintonizzatore e il giradischi, e i dischi di Salvatore Adamo incorporati.. Comprati in Germania, originali. Pic Nic Telefunken Radioline... La radio sintonizzata dalla mattina sul canale nazionale, che dava quel tocco di erudizione al salotto di Zia Rosa, che infatti era bidella di scuola...

Le strade scendevano in morbidi tornanti. Gli alberi erano pitturati alla base con una striscia bianca. In alcuni punti i rami formavano una galleria d'ombra. Le querce, i pioppi e i marangoni scendevano in declivio sui campi. Chiazze di rosso di papaveri e aria leggera, ventosa. Erano i tornanti di Scatozza, dove suonava il clacson del suo OM ribaltabile. I due fratelli litiganti che quando riparavano il camion, avanzavano una carriola di pezzi.

Lo Scania ormai, fiutata la meta, aveva perso così tanta pressione, che ci sorpassavano anche gli Ape 50. Dalla strada veniva un odore di liquirizia. L'aveva sparso un camion bestiame, ma che tipo di bestie portasse sotto il telone non si poteva sapere.

"Parate felipe parate felipe!" raccomandava Mr Dum in un eccesso di euforia. Lo Scania si fermò, con un'ultima fumata, davanti allo spaccio. Mr Dum ordinò un Nano Ghiacciato. "La bevanda preferita di Raffaella Carrà."

"Qui si serve vino e gazzosa. Il panaché, la bicicletta." Il ristorante aveva un ampio salone rivestito di perlinato. Grandi veneziane color confetto e tendaggi. Sulle tende erano state applicate le coccarde. Era molto amazzonico e Mr Dum vi ordinò un piatto di pannocchie di granoturco alla guatemalteca.

Andretta. Comune gemellato col Kosovo, diceva il cartello. Benvenuti.

La piazzetta era raccolta e aveva un giardinetto con la statua di Francesco Tedesco alla Simon Bolivar. Parcheggiate un'Ape Car blu e una vecchia 1100 famigliare. Sul monte la croce di ferro. I cardoni pungenti agli stinchi, le costruzioni coi blocchi di cemento, a un piano solo, i balconi dove si mettono a seccare i pomodori e le prugne. Adesso sotto la croce c'era una scritta illuminata: AVE MARIA. Mr Dum disse: "Meglio sarebbe AMORE DELLA MIA VITA".

Il Tenente Dum aveva il cappello da Zorro, con le falde alzate. Il cielo era una via lattea. Eccoci infine, ladri di polli tra i cardoni e l'erba alta e le scure colline come ombre, come fantasmi. Solo cani si sentivano, versi di cani persi dentro la notte. Là, sotto la croce, mi ero arrampicato, bambino, sulla roccia rossa a urlare sconsolato: "Angela...", la bambina vista un pomeriggio e poi sparita dietro la targa TO della macchina dei genitori. Le rocce, i costoni, l'odore di camomilla selvatica invece erano rimasti.

Nella notte prendemmo la strada per l'Occhino fino a che divenne così stretta da non potersi più girare. In una buca tra i giunchi e le querce l'acqua piovana aveva formato una specie di lago nella carraia. Il Tenente Dum e Mr Pall restarono sul sedile posteriore, come i cagnolini con la testa basculante che si usava mettere sul lunotto. Io invece proseguii a piedi e infilai la salita...

Gli alberi, le querce stavano lungo il pendio nella notte superba di maggio. I covili di fieno, la strada dove avevano giocato mia madre e il cane bianco Barone, il fienile dove stavano i conigli con gli occhi rossi. Oltre la siepe mi si rivelava tutta la meraviglia di un'epoca perduta. La distesa delle stelle era infinita, perfetta.

Mi parve però a quel punto che stavo soltanto giocando, che stavo forzando la gioventù. Era arrivato forse il momento di comportarsi da uomini. Il richiamo della famiglia si fece più forte, e d'improvviso mi apparve futile tutto quel vagare. E non mi bastai più, mi sembrò uno spreco quel raccontare soltanto a me stesso senza tramandare. Il racconto era già desiderio di paternità, di passare il testimone, di avere a chi tramandare quel colle. Nella mia infanzia perduta mi ingravidavo di altre infanzie. Mi sentii responsabile per i figli non avuti, e un senso di morte m'invase il cuore. Al momento però mi sembrò anche di avere ritrovato la strada. Mi ridava una grande umiltà calpestare i terreni dell'origine, ma un senso di responsabilità più atavico mi si attaccò addosso, lì tra quegli alberi, e fu come una secchiata d'acqua sulla mia euforia, sulla missione fantasticante, sul crepitare del fuoco di fila dei miei compari, che mi avviavo a ritrovare nella macchina, uno appoggiato all'altro, testa a testa, come due vecchi ragazzi addormentati. Mentre tutt'intorno era buio e lontano abbaiare di cani..

Ci svegliammo nella stanza d'affitto dell'albergo-ristorante zi' Angelina. L'aria era tersa nel mattino. Li trovai di sotto al bar. I carabinieri gli avevano già richiesto i documenti tre volte – ogni volta che si affacciavano in strada.

Il padrone si chiamava Ciccillo, e li servì nervoso. Aveva ciglia folte e un'alta mascagna di capelli a fiamma. "Piacere, Di Benedetto," disse, "siete forestieri? Be', è lo stesso in ogni parte. Nella vita bisogna avere coraggio e cuore di cane."

"Come cuore di cane? Non era cuor di leone?" chiesi io.

"Si può avere due tipi di cuore: cuore di cane e cuor di leone," sentenziò.

"E voi, signore, che tipo di cuore ritenete di avere?"

Stette in silenzio, le labbra carnose tirate in un'espressione di dubbio e di disgusto. "Be'," disse, "io penso di avere un cuore di leone, perché... perché ho sposato una donna cattiva," concluse.

Le donne stavano tutte zitte nella piccola stanza, i volti aguzzi e bruciati dal sole sotto i fazzoletti che coprivano il capo. Bisbigliavano, e quando una parlava nel telefono ecco che rimanevano mute tutte le altre, come intorno a un rito o a un prodigio. E così le zie organizzarono il pranzo.

Arrivammo alla massaria. Fummo ricevuti nella stanza del sottano. Uno con le rughe da Pablo Picasso abbrustolite dal sole ci fece entrare. Un altro aveva la faccia da Robert Mitchum, se ne stava grosso e western nel vento. Le donne erano attorno alla tavolata vestite di nero come cornacchie. Al centro della tavola sopra l'incerata a fiori era una grande spasa, un catino di ceramica decorata, una coppa che reggeva il santo Graal delle cannazze. Una pasta insanguinata dal sugo di pomodoro. Al centro di tutta quella conserva rossa e scura troneggiavano due o tre teste di gallo, di cui si riconosceva solo la *centra* – che così chiamano la cresta dagli spicchi aguzzi che sta sulle teste pennute, come sugli indiani Mohawk.

Le donne non dicevano quasi niente, ma quello che dicevano non lo dicevano mai a caso. Perciò dissero: "Cannazze e Kuta Kuta. Mangiamo, benedica". E tutti ne mangiarono nel silenzio e nel vento.

L'Imperiale seguì i tornanti ventosi. Arrivò nel pomeriggio giù al fiume, al casotto dove l'avevo visto l'ultima volta cavare con un rampino erbe cattive tra i sassi. La pietra fatta a sedile sotto l'albero di pere selvatiche era nuda e sola, e la porta del casotto chiusa.

Cominciammo a salire. Il paese saliva a tornanti, arrivammo alla Cascina. Ci dissero che l'avremmo trovato al sole. Davanti a Cola non c'era, ci aveva litigato. Dall'Australiano, neppure, l'aveva minacciato. Il Corso era frequentato da anziani che passeggiavano a piccoli gruppi, ma lui non era tra loro. Eravamo sicuri di non essere ricevuti, ma anche di trovarlo non se ne parlava. La strada si faceva in controluce. Da molto lontano notai il profilo di sghimbescio, il cappello storto e la postura di traverso. Speravo fosse lui. Da solo, come l'ultimo della stirpe. Poi distinsi una mossa rapida, un accavallamento di gambe nella luce e il movimento del bastone sulla panchina davanti al bar Jolly, allora ne fui sicuro. Era lui, con le gambe accavallate una sopra l'altra, a forbice, che ciondolava nervosamente, la guancia appoggiata sull'incurvatura del bastone, come uno Charlot velenoso. Il naso curvo e la bocca tirata nel rancore. Mi parai davanti per primo, e distinto che mi ebbe sfoderò la sua espressione più disgustata.

"Ah... ma tu stai qua!" dissi.

"Sì, io sto qua e il papa sta a Roma," disse lui. Guardava per terra e ciondolava la testa in segno di diniego.

"È un mondo di farabutti, i parenti per primi." Poi guardando i miei due compagni dietro di me aggiunse: "Ma tu... non eri sposato?".

"Una volta, papanonno. Una volta... E tu come stai?"

"Male sto. Solo le puttane e i cornuti stanno bene. Povera Italia. Così fate voi, che un giorno vi accoppiate con una e un giorno con l'altra. Comunque fate come volete, che chi fa con la testa sua campa non cento, ma duecento anni. Questa pelle qua!" e si batteva sul petto, "questa pelle qua se l'è fatta la casa. Dove voglio andare più? La partita mia è finita!"

"È fatto così!" sentenziò il barista. "È nervoso e vuole avere ragione."

"Ma come va insomma, a parte la famiglia?"

"Come... A parte la famiglia? La famiglia è la famiglia! Sentimi a me! Io non sono di quei ciucci che se ne stanno con le orecchie abbassate. A me, chi mi battezza mi è compare!"

Lo guardai di lato, controluce, non vedevo le rughe, la vecchiezza.

Non vedevo la sua faccia, vedevo il volto giovane, il volto dell'origine.

Indicava la collina..

"Questa pelle qua è là che deve andare a finire! Ho già pronto il buco d'entrata!"

Aspettava che si scaricasse l'orologio, senza saggezza, solo con rabbioso rancore.

Si batteva il petto. “Questa pelle qua!” e indicava il camposanto..

Non poteva più andare alla campagna. “Lo vedi, devo starmene al bar.” Era da solo e se ne faceva il suo unico vanto. Potere sputare addosso agli altri dicendo: “Non ho bisogno di voi”.

“E adesso vattene e lasciami morire. Vai, va’ da chi ti chi capisce a te.. vai da tuo *zzzìo*! Tuo *zzzìo*! Che tua madre è quella che è! Vattene adesso. Che mi fai ombra.”

Così partimmo e ci lasciammo dietro l’odore di olio d’oliva soffritto, di aglio, di cesso, di cacca di gallina, l’odore dolciastro di cui sono impregnati i Kuta. L’odore degli angeli.

Pall

La missione

Nevicava dolcemente.

Poi la neve si fece più aggressiva e cominciò ad appoggiarsi uniformemente sull'asfalto davanti alla fabbrica che lavorava l'acciaio e sui suoi muri contro i quali io e mio fratello improvvisavamo i nostri personalissimi tornei di tennis.

Veniva voglia di condirla e di mangiarsela quella neve così fresca e bianca.

La zia Emma e lo zio Nicola erano appena arrivati dal Canada con le loro figlie Lori e Ombretta. Io non me la ricordavo più la zia Emma. Ero molto piccolo quando lei partì con suo marito per Vancouver e ora ero un piccolo tamarro sognatore di nove anni della periferia milanese che voleva imparare a suonare la chitarra e aveva la passione degli stivali, di qualsiasi forma, scamosciati o di cuoio.

In casa c'eravamo tutti forse perché era Natale, il Natale del 1973. C'erano i fratelli e le sorelle di mia madre, e Anna, Mina, le gemelle Rosa e Silvia, lo zio Antonio. La zia Emma era la più festeggiata.

Mancava solo lo zio Dino, che era partito due anni prima per raggiungere la zia Emma in Canada. Partito forse in cerca di fortuna o forse in cerca di se stesso, comunque partito – e la sua partenza aveva colto tutti di sorpresa perché motivi veri per emigrare non ce n'erano. Assomigliava più a una fuga, una fuga dai sentimenti, una fuga dai propri sogni.

La nonna Francesca era la più felice di tutti ma era una felicità incompiuta, un po' come la madre di Rocco e i suoi fratelli quando aspetta il ritorno del figlio Simone che manca alla tavola dei Parondi. Lei aspettava il ritorno dello zio Dino.

La nonna era comunque felice. Ma solo più tardi avrei scoperto il motivo.

Si cominciò allora a scartare i regali – un rito celebrato senza passione. I regali di Natale da noi non sono mai stati fatti con il cuore ma con il portafogli leggero ed è comprensibile nelle famiglie numerose.

Quell'anno io ricevetti una sciarpa e non so che altro ma neanche un paio di stivaletti. Se si fossero messi tutti insieme, sarebbe uscito un paio di stivaletti marrone scamosciato e io sarei stato contento. Nessuno però sapeva della mia passione per gli stivaletti e forse nessuno sapeva delle mie passioni. La festa fu comunque bella perché il vero Natale era la tavola imbandita. Un tripudio di maccheroni fatti in casa con sugo di carne di capra. Al pomodoro per i soliti cagacazzo. Carne di capra e maiale che ballavano dentro la guantiera con un coro di polpette all'aglio e prezzemolo, anticipato dalle zeppole con le acciughe ma anche dolci e fiumi di vino che accompagnavano il tutto come fosse una festa di fidanzamento e per noi bambini lo era.

Era la nostra personalissima festa di fidanzamento con la famiglia, era l'unico giorno dell'anno in cui ci sentivamo adulti. Avevamo addosso una stupida, genuina voglia di crescere.

Cominciarono le domande di circostanza agli ospiti che mancavano da più tempo.

"Allora come si sta in Canada. Fa freddo?"

Le risposte della zia Emma erano entusiaste e celebrative di una terra che l'aveva accolta con gioia. Raccontava di come fosse piacevole vivere in mezzo al verde, con la cucina a posto, il frigorifero pieno, la televisione a colori e la gente che la salutava come metteva il naso fuori di casa.

Suo marito Nicola dava risposte più posate, più misurate. Anche lui elogiava le possibilità che questa terra offriva e come per lui fosse stato facile, con la sola quinta elementare, aprire un'azienda di Landscaping diventando il miglior giardiniere di tutta Richmond.

Zio Nicola e la zia Emma avevano dipinto un quadro che ricordava molto l'Italia anni sessanta, quando erano partiti.

Le parole di Nick, come si faceva chiamare adesso, sembravano esercitare un certo fascino su mio padre, prima cazzuola dell'impresa edile Moreschini che aveva costruito mezzo paese e qualche zona di Milano sud.

"C'è grandi possibilità, Carlo, si tu veni vedrai como è facile fare un buon lavoro e guadagnari bene." Ma mio padre lo aveva già un buon lavoro, una buona paga ed eravamo proprietari di una casa, ma nell'attesa meridionale dei sogni c'è sempre la volontà di fare fortuna e dimostrare quanto si vale al mondo intero e non solo ad amici e parenti che di solito non ti apprezzano mai abbastanza. Questa volontà stava lampeggiando negli occhi di mio padre e nel frattempo la nonna Ragno stava tessendo la sua tela con mia madre.

Tutto il mondo poteva essere felice ma non c'era verso che io lo fossi.

"Io non me ne voglio andare."

L'aeroporto di Milano Linate aspettava la prima volta in aereo di tutta una famiglia e la storia dell'emigrazione italiana aspettava la prima volta oltreoceano di tutta una missione. Era gennaio, la fine di gennaio, e le parole dello zio Nicola erano state illuminanti e convincenti e illuminato e convinto mio padre decise che la famiglia Costantino doveva emigrare in Canada; Carlo, mio padre, Anna, mia madre, Leone, mio fratello e io, Vincenzo.

Ma c'erano altre parole che non erano state sentite e che solo due persone conoscevano: mia madre Anna e mia nonna Francesca.

Fu chiaro al momento della partenza – molto simile a una commedia all'italiana – che era un progetto sotterraneo e spudoratamente meridionale a spingerci su quell'aereo.

"Non tornare senza tuo fratello." Questo fu il saluto che nonna Francesca sussurrò alle orecchie di mia madre e che io casualmente intercettai.

Tutto intorno intanto era un'esibizione di lacrime e pacche, di pacche e sorrisi, di sorrisi e di sogni, di sogni e di speranze, che intrecciavano il dissonare dell'invidia e del vero dispiacere.

Non mi ero mai reso conto di avere così tanti parenti e così pochi amici.

Ma i miei erano gli occhi di un bambino.

Finalmente partimmo per andare verso un mondo che non ci stava aspettando e guardavamo dall'oblò un mondo che si allontanava e che non ci aveva fatto niente di male.

Nessuno di noi si aspettava uno scenario del genere. La neve che avevamo lasciato in Italia pareva averci seguito ma in quantità molto più considerevole. Uscimmo dall'aeroporto di Vancouver e raggiungemmo la cittadina di Richmond, nella British Columbia. Le case erano basse e per lo più singole, proprio come nei telefilm americani che guardavo a casa. Da un momento all'altro avrei potuto incontrare Fonzie o Potsie, i protagonisti dei miei giorni felici.

La casa della zia Emma e dello zio Nick era identica alle altre. Il vialetto per l'auto, il giardino posteriore, l'altalena fatta con i pneumatici delle auto. All'interno l'arredamento ricordava un motel finto lusso, gli elettrodomestici più moderni ancora imballati, moquette dappertutto tranne in cucina, il regno della zia Emma.

Mentre mia madre era rimasta in cucina con la zia Emma a raccontarsela e a godere della vista sul giardino, lo zio Nick aveva portato me, mio fratello e mio padre al piano di sotto dove c'erano le nostre camere e il suo regno: l'ufficio della Dominic's Landscaping.

Ci sistemammo in quella che doveva essere provvisoriamente la nostra parte di casa – io e mio fratello in un letto a castello in una camera tutta nostra, mio padre e mia madre in una matrimoniale tutta loro.

Mentre lo zio Nick progettava con mio padre la ricerca di un lavoro e la nostra iscrizione alla scuola, io andai a sbirciare nella camera dello zio Dino. Rimasi affascinato da quanta roba c'era in quella stanza: libri di Dylan e dischi dei gruppi rock contemporanei, pantaloni a zampa, stivali e stivaletti... Tutta roba che un giorno avrei amato.

Lo zio Dino stava diventando il mio eroe e l'avrei seguito in qualunque avventura.

Mi sentivo già a casa, tra il profumo di acero canadese e gli aromi di gomme da masticare che aleggiavano in Heather Street. Feci subito amicizia con l'isolato e a scuola mi innamorai di Tucky, una tedeschina che era in classe con me. Imparai a giocare a baseball e a hockey. Primeggiavo nel soccer. Stavo diventando Vincent, non più Enzo.

Mio fratello si pisciò addosso perché non conosceva la lingua.

Mio padre trovò lavoro come costruttore di piscine, lo zio Dino faceva il catramista sulle strade, lo zio Nick abbelliva i giardini e mia madre e la zia Emma tessevano la loro tela.

Tutto questo e altro sarebbe bello raccontarlo ora ma è un altro libro che un giorno scriverò.

Mentre io sfidavo la mia timidezza sfilando in perfetto completo da comunione e cantando *San Martino* in cinque lingue diverse, l'odore dell'acero combatteva con il profumo di bergamotto e di asfalto di periferia.

Un pomeriggio di maggio la famiglia si riunì e con l'illusione di essere tristi perché ci mancava l'Italia ci convincemmo a tornare.

Non era il paese che ci mancava, era il coraggio di provare a restare e la paura di non rivedere più la faccia disegnata dalla vita che nonna Francesca portava come una divisa.

L'aereo partì una mattina di giugno e arrivò la sera stessa.

La faccia di nonna Francesca era lo specchio della felicità, le nostre della stanchezza e quella dello zio Dino della riconoscenza e della rassegnazione.

La missione era compiuta.

Gli emigranti erano tornati.

ROUND 10
Colpi di sole

Mall

L'ora d'aria

I sedili dello scompartimento erano di velluto rosso. Luce bassa, da notte. Finestrini aperti, rumore di ferro e vento. Foschia a terra e luna crescente nel cielo. Fermate a ogni stazione.

Qualunque sia il viaggio c'è uno struggimento nel disperdersi nelle stazioni di destinazione. Avevamo una tanica di vino da dieci litri, coperta da un ampio sacco nero, da immondizia. Sventolava nelle mani del Negro Dum Dum.

D'improvviso il distacco. Dalla vecchia faccia di Ciàina. Dal compartimento di viaggio.

Si fa presto a diventare camerati, ma dove la salvezza della sua grazia? Dove l'andiamo a dormire? Dove le ore di carezze alla schiena? Carezza, che parola abusata, ma quante donne siamo capaci di carezzare per lunghe decine di minuti? Corpo e carezza. E languire se non divora la stessa passione. Languire nella disponibilità della bellezza amata, presente, inappagabile, irrisolvibile. Eppure anche la bellezza si piega al lutto dei distacchi dai luoghi dei nostri volti, dissolti nel proseguire del nostro orologio sempre scordato.

Era la mia carta d'identità il mio orologio Timex del

’73. Un modello cresimale che mi ero procurato in un baratto d’amicizia con Benzina, il titolare del distributore.

In tutte quelle camere d’affitto era il mio “effetto personale”. Lo toglievo la notte e l’appoggiavo sui comodini di formica. Gli dovevo dare la corda a mano. Una piccola occasione di metodo.

Ciàina ne ha uno da gladiatore. Da tempo ha la pila in panne, così a volte va, e spesso si ferma. Lui sostiene che va solo quando qualcosa sta succedendo. Se è tempo perso disprezza segnarlo. È dunque felino. Non appartiene. Fa di suo. Non è servile. Non si affeziona. Rispetta.

C’è ancora cuore quando si ha pena di andarsene, o peggio, ritornare sui passi conosciuti. Tutto era movimento, carrello. Le mani coordinate a raccogliere bagagli, ad assolvere compiti. Persone in movimento. Partenza. Le bambine che giocano e soffiano nella claviettta che le ho regalato. E poi cani e polvere. Macchina pronta. Cielo plumbeo. Caldo di scirocco. Non me ne sto andando davvero. I corpi sono in piedi, dietro al vetro, sul solito vialetto sterrato. Salutano il guidatore, che deve tranciare deciso. Chi esegue la manovra dev’essere meno sentimentale di chi resta. Solo fermandosi si può restare.

San Gregorio è l’ora d’aria. L’ora in cui esiste l’orizzonte e il colore. L’ora dove nessuno mi aspetta o mi sospetta.

Erano le sei. Salimmo a Montecaddini io e Lou Lucio. Senza colpe. L’aurora si era rosata sugli scogli, sulle pietre scivolose, bianche, e non finiva mai. Con pulizia aprimmo due pomodori. Olio buono e vino per colazione. Oggetti riposti in pace. Lavori finiti. Il cielo già azzurro e terso sulla collina. Ci ostruì il cancello d’ingresso un camion, alle 6 e 20, pieno di frutta, riempiva gli occhi. L’uomo era in sandali ed era un artista. Tolse le spalle dal cassone. Per comprare e pagare non esistono solo i supermercati. Era un servizio a domicilio, un carico della provvidenza. Fasce di sedani verdi, pesche impilate e rotonde, composizioni di cespi d'insalata, verdura a mazzetti. L'Eden in terra portato in camioncino. Poi uscì Ada, e ci trovò sotto la carruba, io e il figlio che andava a lavorare entro mezz'ora. Preparò il caffè. Il cielo era sempre sereno. Una bella mattina nel quartiere sulla collina. Me ne scesi fischiettante e andai a sdraiarmi sulla sabbia e dormii nella mia giacca. Il mare era blu chiaro. Quasi mi mondava. Mi svegliò il caldo. Svegliò i nervi amari di sudore.

Coraggio e libertà ci vogliono per essere viaggiatori. Un posto nel mondo si trova anche altrimenti.

Mi svegliò Antonio, l'Enea del Capo. Era l'una e trenta. Faceva caldo. Mura gialle screpolate ed ecco la piccola stazione di Gagliano, da dove si prende la littorina, la diligenza, dopo che l'addetto ha cambiato gli scambi a mano. Da lì discese Lou Cinnaschi, come lo chiamarono quell'estate. Scese solo. Unico passeggero, dall'ultimo treno, nell'ultima stazione. E fu soltanto l'inizio.

Pall

Sud Est

Là dove il lamento del sole sale
Là dove in pace tra gli ulivi osano le mosche e oziano i turisti
Là dove galleggiano anche le piume e non c'è tempo di avere tempo
Là dove via dal mare, via dal cuore densa rena bianca resta
Là dove i fichi d'india disegnano arazzi di spine e favole gioiose
Là dove l'ultimo muro di gioia e susine segue odori di menta leggera
Là dove i cancelli sono ingialliti dal sole come i denti dei vecchi giocatori di carte sono ingialliti dal tabacco
Là dove i desideri sono sogni colorati dalla memoria
Là dove la rabbia diventa preghiera e profuma di pane caldo
Là dove tutto questo mi accarezza
Io sono...
Aspettando novembre
La stagione del mirto.

Mall

Montecaddini

Un anno fa ero più grasso
Una quindicina di chili in più.
Me li sentivo tutti sull'anima
Che dicono essere un poco più sopra dello stomaco.
Venivo e urlavo al mare di notte, scuro e nero
tra l'eco di voci conosciute di ragazzi
nel loro chiacchiericcio tra le barche capovolte
ai bordi del mare concavo della baia di San Gregorio.
Sotto la scala di Filanto
Roso da un amore corroso
Urlante, stordito dalle pietre sotto agli ulivi.
Pizzicato dalle mosche, dalle masserie e dalle tarantole.
Nel cerchio delle sedie, sguardi e parole di persone ospitali.
Rivelazioni nel giardino del Getsemani
Miero, Miero, Miero nel pomeriggio
Stordito di cicale
sdraiato sul mucchio della giara bianca da edilizia
una giornata, a perdere nel caldo, in esilio dalla mia pena.
E quanto più mi allontano
Tanto più le cose le cose ritornano e stagnano e ronzano
Come i mosconi di Angelo Musso sotto al porticato.

Solo parole di saggezza vorrei comprendere
e tali le comprendo.
Nell'abbaglio, nel formicolio dei piedi
un'altra vita vedo tra le cento che corteggio.
Il tempo asciuga, il tempo allarga e stringe e distilla.
Il cuore mi appare come da due occhi soli adesso
tagliate pietre dell'anima, della forza,
e ancora vorrei la notte, l'aria fresca
la vivida vita dell'anima di strada.
Vivi Scianni, e vivi Rosa...
Quello che ti dà ti prende, il cerchio delle sedie.
Quanti chili di anima ho in meno?
Pensavo fosse grasso, forse era olio, forse era birra...
Ora sono qui spogliato. Denudato.
Le cose si staccano da me, e mi sento come una lucertola,
come un geco,
come un cieco.
Forse ho cambiato pelle,
forse l'ho perduta.
Certo quest'anno sono meno grasso dell'anno passato.
Chi scappa non se lo può permettere.

Pall

Il sole sorge ancora

Ci sono quei giorni
In cui guardi i gatti
E li invidi
Guardi poi le vetrine
Dipinte a mano
E le pietre in vendita
Poi guardi ancora per terra
E, sollevando la testa
L'arco disegna
Ancora una volta
Una volta di lacrime.
Allora guardi i sorrisi
Che ti danzano intorno
I passi che corrono verso le case
Le case che aspettano
I bars che ti invitano
Le donne che ti sfuggono
Nottate che ti evitano
E rientrando poi
Incrociando lo specchio e il portaombrelli
Ti domandi
Perché.

ROUND 11
Bum

Mall

Life of a Bum

L'aria è sottile e tersa. Fanno paura, incutono timore i picchi. Quando il tempo è scuro le nubi gli si addensano sopra, come sull'Olimpo, e non possiamo vederne la cima. Ci è preclusa, è riservata agli dei. Siamo briciole di fronte all'enormità.

Sedersi sulla panchina della stazione di passaggio. Davanti solo un convoglio di legnami. Una foresta intera in viaggio. Dà un aria estera, francocanadese, vedersela sfilare sotto le finestre dell'hotel Tabor, lungo la linea del Frejus.

La chioma degli alberi scintilla e la stazione sembra un albergo, una baita. Il vero Bum si siede davanti e aspetta. Aspetta il primo treno della mattina.. Dorme sui treni perché ha piacere di dondolare e ciondolare. Bum! Che parola! Sembra significare un botto, ma è solo un botto di sfascio. Un'esplosione, ma di chi cade per terra. Il Bum ha frantumato lo zenit. Non gliene importa più. Ha fatto Bum! Deve solo badare a quello che può permettersi. Rischia di essere preso a calci, se dorme nelle macchine, o sui terreni degli altri. Però gli piace dormire a cielo aperto. Nel pratino del parcheggio. Si sveglia così, tra le urla di qualche marmocchio berciante: "Ehi, mamma, cos'ha quel signore?".

Rischia la prigione, per esibizionismo o per schiamazzi. Ama i treni, ma non per turismo. Sa che è meglio avere un punto di appoggio. Sta bene seduto. Si prende il suo tempo. Telefona a gettoni. Non contrasta la vita. Si sistema nella maniera più propria. Non propone, commenta, non domanda.

Si sceglie una strada. "A me piace così," si dice. "La mia strada, per me, è la migliore. Perché l'ho scelta".. il Bum non è un fallito, è nato così, quindi non ha fallito in niente. Ama la vita, non ne è succube. Beve per amore, non per dimenticare. Di più, per non farsi sfuggire niente. Gode nello stendere la giacca a terra e sdraiarcisi sopra.

La prima volta che ho sentito la parola Bum è stato quando Jack La Motta in *Toro Scatenato* supplica Vicky, la moglie, di non andarsene, di non lasciarlo, mentre lei sta già riempiendo valigie.. "Please, don't go, non andartene.. I'm a bum without you..." Bum, senza tetto, senza argini, abbandonato a se stesso. Ecco, ora l'ho capita.

Ci ho perso la testa a questo modo. A non tornare proprio, a fermarmi nelle stazioni di passaggio. Prima ho fatto un sacco di stupidate. Ma da quando non ci sei è peggio.

Ti fa un po' nausea adesso, no? Invece il Bum non ha questa repulsa. È nato Bum e basta, non c'è diventato perché gli è andata male! È la sua indole. Sospeso nel tempo e nella strada. Sa che è la vita! Io non sono un Bum, però mi piacciono i bar e mi ci impiglio. Sono una falena . Mi piace la pesca a specchio, col cucchiaino che abbaglia, che attira.

"Te l'avevo detto che se andavi via dalla città sareste durati sei mesi, anzi quattro," disse Ciàina. "E così è successo."

Era una camera di hotel. Fuori il vento spazzava le strade. Le ampie strade camionabili e dolenti, che vanno, oltre le montagne, verso il resto del continente. Il vento alzava la polvere e i soffioni dei pioppi tra le giostre ferme nella notte.

Lei era minuta, sottile. Quasi non si vedeva attraverso la luce delle persiane, contro la luce gialla dei lampioni stradali. Fumava sigarette appoggiata al davanzale.

"Se non sai deciderti," disse, "devi tirare la moneta. Fare testa o croce. Ma anche in quel caso bisogna decidere di affidarsi alla moneta. Non si può tirarla solo per vedere il risultato. Bisogna accettarlo, il risultato. Se non sai fare altrimenti..."

Lui ascoltava seduto sul letto. Da lontano si sentivano arrancare i grossi camion in salita verso il passo doganale. Anche la stazione cominciò a dare i primi segni di risveglio. I vagoni fermi trasudavano la notte trascorsa. Stavano fermi, carichi di legname sotto le pensiline.

"Certo, ti puoi affidare alle giornate, ma con una meta. Fino a che hai una meta giochi in attacco, quando l'hai raggiunta cominci a giocartela in difesa. È semplice."

Spense la sigaretta. "E non bisogna raccontare bugie. Se te le racconti da solo, sei già fregato in partenza. Prenderai sempre decisioni del cazzo. Se l'idea ti gira in testa come una pallina da un po', tirala! Puoi avere fiducia nella vita. Ma tu non ce l'hai, la fiducia. Se non sai risolverti, puoi continuare comunque. Quello che non hai risolto adesso, te lo ritroverai più avanti, peggiorato. Niente resta fermo in questo mondo."

Lui guardava la bordatura degli armadi di formica. Era stretto contro la porta, e faticava a raggiungere il bagno. La luce cominciava ad entrare anche da lì.

"Più stai in mezzo alle ossessioni, più hai conferma delle ossessioni. Ricordatelo.. Ma tanto te ne scordi subito. Guarda.. già non ci sei più.. Non c'è soddisfazione a parlare con te."

Sorrise e si versò quello che rimaneva del vino.

"Vedi," disse ancora, "gli orientali fanno meditazione. Io invece mi piglio le piombe. Mi sbronzo per arrivare al nirvana. A ognuno il suo! Ho visto degli uomini una volta dentro uno di quei rifugi spersi tra le colline. Era pomeriggio, faceva caldo, si sentivano soltanto le cicale.. Stavano sdraiati tra la paglia, narcotizzati, con gli occhi velati. Erano fatti di vino... Come nelle fumerie di Singapore.. Era il Nebbiolo. L'oppio delle langhe! Dà lo stesso effetto."

Anche lui rimaneva un po' così, sospeso tra la coscienza e il sonno, tra la notte ed il giorno incombente. Fuori suonò la campanella del primo treno in arrivo.

"Bisognerebbe fare quello che si vuole. È tutto lì, pensare di potere fare quello che vuoi. E crederci. Crederci veramente." Accese un'altra sigaretta. Guardò le valigie ammucchiate sotto il letto. Stavano lì come bocche aperte, con le cerniere sdentate, traboccanti di fogli, di buste, di cianfrusaglie. Aspirò il fumo con scherno.

"Ma quanta roba ti porti dietro! Io penso che meno hai, più hai. Bisognerebbe bruciare invece di ammucchiare. Sennò ti finisce tutto addosso, non ce la si fa più ad andare avanti, e si stramazza.

"Non credo sia bene scrivere. Poi succede che il foglio se lo ricorda, e tu no. La prima cosa da non scrivere sono i propositi. I propositi sono il paradiso degli ipocriti. Cosa cambia a segnarsi i propositi?! Non si rifà la vita con i propositi! Scrivi, scrivi! Scriviti anche quelli! E poi vedrai! A furia di scrivere uno si stanca anche di leggersi e si brucia. Si cova e si cova e non si è nemmeno più capaci di spiegarsi... Io ho girato l'Asia, l'Indocina, e mica mi sono scritta una riga. Ti posso dire tutto lo stesso però! Te ne posso parlare per ore. Ti posso dire il colore, il profumo del cielo, la pioggia che stava per arrivare e non arrivò.."

Lui l'ascoltava sdraiato. La stanchezza se l'era preso.

Sentiva tutto, ma non ce la faceva più. L'insofferenza lo rinchiudeva.

La invitò a sé, senza dire nulla. Lei venne. Era piccola, con i capelli scuri, il viso aspro, irregolare. Le persiane ancora li rinchiudevano nell'ombra. "Forse aveva ragione," pensava.. "per lei di sicuro... Ognuno ha sempre una sua ragione. Ma non ho abbastanza cuore perché diventi anche la mia.. Sono solo troppo stanco. Stanco di tutte queste vite che mi entrano addosso, senza scegliere."

Fu giorno. Si affacciò alla finestra. Era l'alba. L'aria frizzante del mattino la prese. L'adrenalina della notte insonne.. Il giorno nuovo fresco, tagliente come una colonia entrò con l'aria nella stanza esausta..

"Vado a comprare le sigarette," disse. Uscì. Tempo perturbato, continentale. Tempo senza sbattimenti.

I primi passanti nel piazzale stavano montando il mercato. L'aria era sottile, tersa. Le nuvole si addensavano sulla cima delle montagne, coprendone la punta. Si sedette sulla panca sotto la pensilina e aspettò il primo treno senza consultare l'orario.

Pall

Ballata di Pall e Mall

Pall aveva i capelli neri e unti.
Sfidava la pioggia con la spada sguainata.
Dolce come un pensiero del mattino.
Mall ne aveva pochi di capelli.
Sfidava il mondo con la rabbia fra le dita.
Amaro come i pensieri cattivi della sera.
Erano inseparabili.
Sempre insieme anche quando erano distanti.
“Noi siamo padroni delle nostre scelte, padroni dei nostri desideri, delle nostre voglie,” diceva ripetutamente Pall.
“Tu non capisci un cazzo, noi siamo vittime del nostro destino, siamo padroni isolo di scegliere come morire,” ribatteva ogni giorno Mall. Le verità non hanno pelle, hanno solo il volto di una vecchia estate malandata.
Si sputavano addosso la loro filosofia da marciapiede.
Due clochard fuori moda in una bohème da tre soldi, senza soldi.
Arrancare. Il loro mestiere.
Le notti in comune, il silenzio di mille parole, il gioco delle nostalgie, la gara a chi è stato più vecchio, il coraggio di non dire nulla.

Entrambi avevano come cornice il mondo ma il quadro che dipingevano era un Modigliani giovane con le tensioni e i colori dei sogni di Gauguin.
"Tu hai le scarpe rotte," diceva Mall.
"Io ho le zampe ferite," faceva notare Pall.
Pall, si aggrappava alla vita con il rimpianto che la vita non fosse un film.
Mall, occhi accesi dalla disperazione, guardava con rabbia la consumazione dei sogni e l'impossibilità dei desideri.
Ecco chi erano.
Mall, un immortale con la paura di morire.
Pall, un angelo in divina attesa.
La faccia triste dell'asfalto, sotto un cielo bizizzarro e indaco teneva gli occhi chiusi, carezzata da una tromba sentimentale.
La città si stava svegliando, vestendosi di acciaio, pane caldo e benzina lasciandosi dietro noia, buio e delicatezza.
L'acqua scrosciava lenta e silenziosa quando, quel giorno, si alzarono ai piedi della Senna tenendosi per mano.
Abbracciati per la felicità di essere ancora insieme, quel giorno che il mondo aveva dichiarato guerra a se stesso.
Mano nella mano, si incamminarono sopra la Senna e la percorsero a piedi, come due Cristi. Verso nord. Verso l'oceano. Verso il fondo. Come due Modigliani, come due Gauguin.
E nessuno li vide mai più.

Mall

Insonnia

Litighiamo nella mattina io e il Vecchio. Poi ci mettiamo sul parapetto dell'uscita della metropolitana e lui urla alla folla che viene vomitata fuori di continuo: "IGNORANTI, IGNORANTI".
Ma quelli continuano. Nessuno ci ha il coraggio di sfidarlo, né di rispondere. Sarà la stazza?
A un passante prende il giornale dalle dita. Un piccolo gesto che sovverte l'ordine delle cose. Ma nessuno ha voglia di rispondergli. È molesto, questo è sicuro.
Quando si fa il dritto, quando non si dorme e c'è ancora tutto da dire, dopo uno si sente come all'estero, ha un differente fuso orario e passa tutta la giornata a inventarsela. Così si continua e continua, nell'insonnia, per strada.
"Dunque, Mr Bum, bisogna distinguere tra essere buoni lettori e buoni scrittori. Tra chi si innamora delle cose e chi delle cose che scrive. Il romanzo è roba buona solo per il mercato. Chi sciala scrive poesie!"

Pall

Epitaffio

Ho rubato le mie passioni
E le ho spente in un posacenere.
Ho camminato per Parigi con i pugni in tasca
E i pantaloni gonfi
Mi sono divertito quando si è trattato di respirare
Guardando poi
Ciò che restava dietro le finestre
Mi sono consumato occhi, naso e mani
Ho fatto l'amore a Venezia, Napoli e Copenaghen
Ho fatto l'amore con Milano
Ho giocato il mio sorriso
E l'ho perso
Mi sono fatto biondo inseguendo la gioventù
E ho perso la gioventù inseguendo le bionde
Sono entrato nei mondi paralleli
Sono uscito dal tunnel della vanità
Mi sono creduto Dio
E Dio ha creduto in me
Mi sono drogato e ubriacato
Solo per avere qualcosa da dire
Ho speso tutto perché non avevo niente
Ho creduto nei giorni dispari perché amo le differenze

Ho amato odiare perché ho odiato amare
Ho giocato a scacchi con la morte
E mi sono sentito un re
Mi sono avanzati tre giorni e sono risorto

Ho avuto ragione e ho avuto torto
Ho vissuto le cose altrui
Solo perché sono nato maschio
Ho avuto tempo e l'ho ammazzato
Ho avuto il resto ma mai la mancia
Mi sono piegato in due
E ho ricominciato da tre
Ma non ho mai smesso
Di piangere...
Dal ridere.

Mall

Devi provare tutto

Caarlo continuava a bere.
Da fuori veniva la luce del quartiere
una luce gialla
dalle finestre aperte.
Si sentiva martellare in strada,
Un rumore di ferro e di binari

Gli occhi gli si facevano sempre più sottili
Le guance erano gonfie
La barba incolta e aveva baffi da sergente García.
Così iniziò a dirmi
"Tu sei uno scrittore, lo devi capire.
Solo che finora hai preso una deviazione
E sei costretto a cantare quello che scrivi
Ma è stata una parentesi soltanto,
dato che tu sei uno scrittore e continuerai a scrivere.
Perché è quello che vuoi fare veramente.. la musica è un passatempo...
di questo ti devi rendere conto."
"No," dissi io. "Le parole sono un morbo."
"Già.." disse lui..

“di musica si vive,
di poesia si muore...”
Continuò ad ubriacarsi, fino a farfugliare cose sempre
più incomprensibili.
Anche il gatto cominciò a evitarlo.
Ce l’aveva con tutti, con la gente soprattutto..
IGNORANTI, IGNORANTI..
Poi si riprese.
Cominciò a raccontare di un uomo che chiamavano
Il Macellaio.
“Ammazzava e cucinava tutto,
E me li ha fatti mangiare anche a me..
Gatti.. cani.. topi.. sulla griglia..”
Si umettò le labbra con la lingua.
“Ma i topi.. i topi.. sono i migliori.
Me lo fece fare.. Tu sei un artista,” disse.
“Devi provare tutto...”

Poi si addormentò. Mi affacciai alla finestra.
Faceva caldo.
Quelli che martellavano, erano alla frutta.

Pall

A pieno viso

Occhi come la terra
bruciati dai desideri di limone
neri come la tristezza
tristi come una notte piena di stelle
curvo attento alle curve
cammino, cammino facendomi addosso
e la terra rossastra si modella fra le mani
e l'asfalto cariato si modella sotto i piedi.
Il profumo di rotaie e terra bruciata
antiromantico amore per la libertà
riempie quel che resta dei miei passi
e annuso a pieno viso
i miei calzoni, le mie impronte, le mie mani,
le mie tasche, i miei ricordi
e me tutto e tutto mai sarà più uguale
I piedi possono essere ferro e piuma
La libertà può essere puzzo o profumo
E un uccello mi benedice giusto in testa
Mentre io annuso a pieno viso
...la mia vita.

ROUND 12
Corpo a corpo

Mall

Una serata tra amici

Nella stanza era ancora notte. I posacenere pieni, le bottiglie svuotate. Erano le nove di mattina quando Nic uscì in strada per comprare una bottiglia d'acqua minerale alla macelleria. La luce era accecante, il mondo si godeva la bella giornata, poi tornò nella notte da cui era uscito. Le due stanze, ben serrate alla luce, erano come un teatrino cinese.

Il Vecchio s'era sdraiato con le scarpe allacciate. Era finita ogni cosa, birra, vino, sigarette.

"Come funziona l'ha spiegato tutto Jack La Motta. Perché, diceva, la femmina è buttana quando è femmina e la buttana è femmina quando è buttana. Tutto lì!" disse guardando il soffitto.

"E che cazzo significa?"

"Tutto significa! Primo significa che ci sono le femmine e le buttane. E poi significa che c'è la differenza complementare. La femmina ti riempie e la buttana ti svuota. La buttana dà il piacere.. La femmina ti fotte perché diventa Buttana e femmina in quanto buttana. Con la femmina ti puoi anche sposare.. Con la Buttana però, puoi diventare femmina. Io scelgo la femmina, in quanto sono buttana."

"Ma non capisco..."

"Be', allora facciamo degli esempi. Anzi, telefoniamo a una femmina."

"Sì, ma in quanto buttana?"

"Non lo so, chiediamolo a lei."

"Allora, vediamo... Occhibbelli?"

"Sì, sì, quella è femmina, mi piace, mi piace. Acc'... ha il telefono staccato."

"E allora a Damona..."

"No, no, quella non è né buttana, né femmina, quella è... è una mamma, ecco che cos'è. Gliel'ho pure detto che quando cammina ha un passo gravido. È gravida del mondo! È la grande mamma!"

"Ah, e allora... Butterfly."

"No, no è ancora nel limbo. Non lo sa nemmeno lei ancora se è femmina o buttana. Tu continui a trattarla bene, se la smetti forse le fai un piacere e diventa buttana da sola..."

"Aurora?!"

"Mmmh, non c'è da chiedere, già sai. È buttana, e femmina quando è buttana."

"Enrichetta!"

"Nemmeno per carità, quella non è né femmina né buttana, quella è una donna. È tutta testa, troppa testa, puoi farti qualche bella passeggiata, un bel pomeriggio,ma delle pessime nottate."

"Allora a chi cazzo telefoniamo?"

"Chiamiamo il Medico."

"Chi, il Medico della salsa? E che è lui? Femmina o buttana in quanto..."

"No, no, chiediamoglielo a lui."

"Ma dorme."

"E lo svegliamo allora! MEDICO!" si mise a ruggire nella segreteria, "volevamo sapere da te Cardone, se la buttana è femmina in quanto... Cardone! Rispondi Cardone!."

"Mmh. Ci avrà da fare, poveraccio. Ultimamente viene chiavato in domicilio, da quando fa i regali con dedica."

"Che dedica?"

"Si è sbilanciato. Ha regalato a La bionda un disco e ci ha scritto sopra 'Tuo per sempre'. Il disco."

"Forse allora si è innamorata!"

"Oh, merda... A me mi fanno schifo le donne innamorate. Quando l'ho incontrata una volta gliel'ho pure detto. 'Tu sei innamorata di lui?' Lei ha detto: 'Forse sì. Perché?'. 'Perché a me mi fanno schifo le donne innamorate.' È come una sciarpa! A tutti viene voglia di una sciarpa quando fa freddo. Poi appena fa un poco caldo, cominci a morire dalla voglia di togliertela di dosso. È la stessa cosa."

Il Vecchio si alzò fece due passi e si abbandonò sulla poltrona.

"Per quello che mi riguarda, io non chiavo più. La penetrazione è una cosa da poveretti, da discotecari, da africani. Bing e bung e bang. La percussione! Quando ero più giovane lo facevo pure io, ma adesso basta, mi sono raffinato. E poi fa attrito. Ogni volta andare dall'urologo, mi fa male, mi fa male. Perché,che ha fatto? E come che ho fatto? HO CHIAVATO! Adesso pratico solo la fellatio e il cunnilingus. A me piace così, sentire l'odore, il sapore. Mi piace leccare, mi piace. E con la vodka mi piace ancora di più, vodka ghiacciata! Dopo mezz'ora che sei lì in mezzo! BRRR, viene bisogno del cappotto! BRRR! E poi è il modo più sicuro. Niente bing e bung e bang, niente malattie!"

"Ma perché, è sicuro davvero?"

"Mbe', certo!"

"E chi te l'ha detto?"

"Lo dico io, lo dico."

"E che prove hai?"

"Cazzo, sono io la prova, non mi vedi? Sono ancora vivo e sono dieci anni che lecco!"

Da fuori arrivavano i rumori dei ragazzi della scuola. Ma dentro continuava ad essere notte.

"Gli eroi! Gli eroi! A me piacciono gli eroi, perché sono i più umani di tutti... Solo gli esseri umani possono diventare degli eroi, non ho mai visto un eroe diventare un essere umano. Prendiamo per esempio Ulisse. Ulisse! L'eroe degli eroi! L'assedio di Troia, il cavallo, l'odissea, Polifemo, i Giganti i Lestrigoni... Ma quanto credi che è resistito a Itaca? Tre giorni! Tanto è resistito. Per forza! Aveva girato tutto il mondo, aveva conosciute femmine e dee. Nausicaa! Atena! La maga Circe! Anche il canto delle sirene aveva sentito! Poi torna e chi trova? Quella vecchia troia di Penelope, al telaio. Certo era più vecchia, ma l'avrà trovata più esperta almeno. Coi proci e tutto il resto. Dunque dicevo, lui torna e va a letto con la moglie. Dopo un po', nella notte, si alza. Si affaccia alla camera e vede il figlio Telemaco. Sedici anni. L'età in cui scassano di più il cazzo. E pensa. Bene, eccomi a casa, che fortuna!'. Dopo tutto quello che aveva visto. La seconda notte la passò ancora lì, la terza uscì sulla spiaggia, vide una barca che se ne andava, sto dicendo, SE NE ANDAVA! Aveva fatto il figlio fino ad allora, accudito dalla fortuna. Adesso si trovava a fare il padre, il figlio,e il re!... Dico, il re! Doveva pensare pure al regno. Ha fermato la barca, era il re! E poi se ne è scappato. Così è andata!"

"Ma chi lo dice questo, Dante?"

"No, no, lo dico io, come vuoi che sia andata! Erano uomini, non erano eroi, fino al giorno prima doveva decidere solo per sé, dopo doveva decidere per la famiglia e per tutto il regno!"

"Dopo Circe e Nausicaa? Si è ritirato e basta."

"Cazzo si è ritirato pure Cantona. L'ultimo fuoriclasse. L'ultimo eroe. Maradona ha fatto la fine che ha fatto. Adesso anche questo stronzo si ritira. Anno dopo anno i miei riferimenti me li tolgono tutti! Trentuno anni e si ritira. Ha detto che non vuole assistere al suo declino. Adesso che è all'apice della forma! Era il momento giusto, il suo momento, ora che in Inghilterra vendono le magliette col numero 7 del Manchester senza più il suo nome. Ci stampano sopra direttamente THE KING. Tre anni fa si prese otto mesi di squalifica. Penale, capito, penale! L'avevano appena espulso. Lui si allontanava verso gli spogliatoi. Camminava sempre con le spalle indietro e solo il petto in avanti. Pronto per la rissa. Da dietro uno gli urla BASTARDO FRANCESE DI MERDA. Lui s'è girato, l'ha guardato, ci ha pensato un momento, poi è partito, coi piedi, da karateka. L'ha scassato, poi s'è allontanato e gli ha fatto segno di stare attento col dito alzato. Otto mesi! Se chiedeva scusa glieli toglievano. Ma non chiese scusa. Non era nemmeno per lui, era per la Francia! Ha fatto come Napoleone, l'onore della Francia è il mio! Agli inglesi piacciono queste cose. Hanno pensato: 'Ha fatto bene'. Anzi adesso per rispetto sulle magliette ci scrivono DIEU senza nemmeno più il numero sette. È tra Maradona e Platini. Ci ha la tecnica sì, ma è uno di quelli che se fanno il colpo di tacco, che fa passaggio e gol, il gol non lo vedono nemmeno. Sta ancora guardando il tipo che si è bevuto per deriderlo. Tiè, te l'ho fatta. Guarda, guarda l'uccellino! È un figlio di puttana, questo è! È per questo che mi piace. Ma non ce ne sono più. Una volta il calcio era un'altra cosa. Solo dieci anni fa, la squadra andava in Russia con tre giorni di anticipo e Maradona arrivava due ore prima dell'incontro, con l'aereo privato. Senza allenamento, senza dormire, senza niente. Poi scendeva in campo e giocava. Non si muoveva nemmeno. Ma la palla arrivava dove doveva arrivare. Careca, vuoi segnare? Toh, eccoti la palla. Prendi la palla e segna. Anche tu la vuoi? Tieni. Era un disgraziato. Ma entrava dentro, non faceva niente e la palla arrivava dove doveva arrivare. La volevi quella cazzo di palla? Eccola. Servito! Da quando non c'è più, siamo alla Restaurazione. Anche al giro d'Italia non succede più niente. Sta vincendo un russo. Io li disprezzo i russi. Corrono, corrono senz'anima. Non vincono mai in montagna. La montagna è un 'altra cosa. Ecco, qua c'è la montagna e qua ci sono io! L'impresa! Quella non è roba per l oro. Vincono le cronometro. E basta. Sono abbastanza forti in salita, abbastanza in pianura, abbastanza completi, ma non sanno di un cazzo! C'è solo il pelato, Pantani, che fa qualcosa. Oggi si è fatto il Terminillo. Hanno tutti paura. Mediocri! Ignoranti. Ignoranti!"

La luce si infiltrava nel pulviscolo dai fori delle tapparelle.

"Che cos'è questo disco? *Las Vegas Story*? Guarda, ci ha dei dadini all'interno della custodia. Ci sai giocare a dadi? Chi ti piace di quelle ragazze? Occhibbelli? Bene, guarda un po', 6! Adesso riprova. 6 di nuovo. Perfetto. Vinto. È fatta! È perfetta per te. Sigarette ce ne sono ancora?"

Pall

Hai sempre ragione, Caarlo

Ho sempre odiato i consigli. L'unico consiglio utile fu quello di mia nonna.

Era un dopopranzo di domenica, io ero praticamente nel primo sonno e dormivo dentro un divano letto nel soggiorno di casa. Nell'aria si sentiva profumo di caffè. Mia nonna aveva attraversato il corridoio almeno tre volte e, davanti alla porta del soggiorno, mi aveva apostrofato: "Enzu, iarzati!" che nel suo calabrese stretto voleva dire "svegliati". La mia indifferenza la innervosiva e così all'ennesimo passaggio, entrò, tirò su le tapparelle e imperativa ribadì: "Iarzati!". Mi guardava spiaccicato sul letto e, quasi con rassegnazione, si diresse verso la porta ma prima di uscire si voltò e disse: "Iarzati, Enzu, ma soprattutto... lavati!".

Da allora ogni volta che qualcuno mi dice "posso darti un consiglio" mi annuso e indietreggio pensando alla faccia finalmente soddisfatta di mia nonna.

Forse è per questo, per una strana legge del contrappasso, che ho cominciato a sciorinare anche io consigli e ad abusare di aforismi e citazioni. In gioventù ho anche provato a usare gli aforismi e le citazioni come arma di seduzione. Mi ricordo che una volta cercai di sedurre una tipica bellezza mediterranea con una frase del Vecchio che recitava più o meno così: "Sai, piccola, sono amaro a volte... ma il sapore è stato spesso dolce". Lei mi aveva guardato con occhi da cerbiatta, sembrava stesse per sciogliersi ma poi disse: "Che peccato che sei così brutto".

Ma come, cazzo, io ti sfodero una maledizione e tu me la butti sull'estetica. Avrei voluto ribattere con una frase ad effetto ma non mi uscì niente e forse la frase più adatta, quella più nello stile di Mr Buk, sarebbe stata: "Che peccato, eri così bella...". Ma non mi venne, non mi venne di rispondere alla cattiveria femminile con la commiserazione.

Solo le donne riescono a essere così dirette e cattive, io tutt'al più avrei detto: "Sei simpatica". O è una prerogativa delle donne italiane?

In *La ragazza più bella della città*, Cassie va da Mr Buk al bancone, lui domanda: "Perché hai scelto me?" lei risponde: "Perché sei il più brutto del locale". Entrambe ci dicono che siamo brutti ma almeno una delle due rende bella la nottata. Le mie nottate, quelle belle, sono state consumate da americane e francesi ma in Italia ho sempre giocato fuori casa, vale a dire davanti a una porta che mi si chiudeva in faccia.

Forse la colpa è di mia madre. Quando ero piccolo mi diceva che ero un bel bambino. Ero talmente bello che una volta a mia madre offrirono pure del denaro per comprarmi.

Insomma, facevo girare la testa a tutte le mamme del quartiere. Questo mi ha portato a credere, crescendo, che dopo aver fatto girare la testa a tutte le mamme, l'avrei fatta girare anche alle figlie. Vivo ancora con questa convinzione, e infatti per farla girare la testa io la faccio girare. Ma dall'altra parte.

Comunque, al di là delle mie disavventure sentimentali, la faccenda dei consigli stava ormai diventando quasi una professione. Mi ero talmente abituato all'elargizione che ormai avevo assunto la posizione oracolare. Dalle due del mattino sino all'alba ricevevo al bancone del Bar del momento e dispensavo consigli e veleni. Ero diventato il presidente del "consiglio".

Una volta, dopo una lettura di poesie, una ragazza si avvicinò al bancone e mi disse: "Sai, sono molto belle le cose che scrivi, sembra che tu conosca la vita di tutti e ti viene così facile raccontarla... sai, anche io...". La fermai. Era carina.

"Prima di andare avanti nella conversazione," le dissi, "dimmi una cosa, esiste la minima possibilità che, dopo questa conversazione, io e te si dorma insieme questa notte?"

"No... scusa," mi rispose stupita.

"Allora levati dai coglioni... Non ho bisogno di amici."

Forse ero sbronzo ma mi resi conto che la cattiveria aveva generato cattiveria.

Un'altra volta fui assunto da una discoteca di periferia per fare l'oracolo divinatore. L'orario era lo stesso del bancone del Bar solo che la parcella era in forma liquida. Ricevevo in un angolo della discoteca con una specie di turbante in testa e una tunica di raso blu e ogni divinazione o consiglio comportava l'obolo di un Cuba Libre.

Diedi buoni consigli e azzeccai qualche lettura di mano fino al quinto Cuba. Dopo il quinto fu solo veleno e smisi di contare i clienti. Ovviamente lavorai solo una sera. Non potevo abusare della mia pazienza, e del bar.

L'apice lo raggiunsi quando inserii su un disco di Mr Mall una sezione consigli nella quale davo il mio numero di telefono. La tariffa era di mille lire.

All'inizio fu un bombardamento telefonico. Ma la maggior parte delle chiamate non era per i consigli. Più che altro le persone volevano parlare in preda alle loro sbronze dilettantesche, volevano conoscere Mr Mall, volevano e volevano e nessuno quasi si chiedeva cosa volessi io o Mr Mall, perché avevamo fatto quel gioco, perché avevamo messo un numero di telefono vero.

Era ancora colpa di Mr Buk.

Il numero serviva a far capire che *le strade, la solitudine, la gente senza amore sono anche cose nostre.* Era per questo che c'era il numero.

La telefonata più interessante la ricevetti da una ragazza di Napoli. Non ero in casa e quando rientrai ascoltai i messaggi in segreteria.

"Ciao, sono una ragazza di Napoli e non chiamo per avere un consiglio ma per dartene uno: chiamami!"

Chiamai subito e ci demmo appuntamento al concerto seguente di Mr Mall. Quando mi presentò il suo fidanzato le restituii le mille lire.

Continuo ancora, con moderazione, a dispensare consigli e ho cominciato persino ad ascoltarli.

L'altra sera ero a cena con Mr Mall e Mr Dum. Mentre ci raccontavamo le nostre storie come in riunione di consiglio a un certo punto Mr Mall mi chiede: "Caarlo, ma perché sei così amaro a volte?".

"Sapete, amici, io vorrei avere gli occhi azzurri per vedere più azzurro il mondo, ma purtroppo li ho marroni."

Ci guardammo e sorridemmo. Poi Mr Mall e Mr Dum versarono del vino in ogni calice e dissero: "Hai sempre ragione, Caarlo!".

ROUND 13
Rovesci

Mall

Strike

Carlo trabordava, ondeggiava sul bordo della serata.. non si reggeva nemmeno lui tanto era arrivato più avanti di tutti gli altri. La sua sbornia era un mare aperto.

La nostra accompagnatrice da quanto la pregammo finì per portarci al bowling. Le scarpette a noleggio, le palle che scorrevano precise sulla santità del parquet, come tram sui binari in corsa. Swooosshhhh... tutto era dinamico, tutto armonioso nel movimento, nelle luci e nel neon.

Intorno a noi il resto del mondo era sobrio. Nella sala maneggiavano le grosse sfere come una cosa sportiva, una cosa da uomini.

Slaaschhh... era il suono delle palle che si separavano geometriche dal braccio che le lanciava, e i corpi le accompagnavano in presa plastica fino al plotone di birilli, la loro meta, e il braccio meccanico tornava a posarli. Le palle mettevano un poco di ordine alla schiuma del pomeriggio. Era il giorno dopo la festa di compleanno e avevo fatto mettere allo stereo *I Put a Spell on You* per cinquantadue volte consecutive.

"Hai sempre ragione, Caarlo," dissi sincero, "senti come vanno, vengono, vanno, che gran poesia tutto questo movimento di palle nel bowling.. swaschhhh. Però accidenti," continuai, "il problema del bowling è che quando hai il colpo buono, quello che te lo senti addosso, be', non tocca mai a te."

"Cazzo!" disse Caarlo, "poche ciarle! Adesso te la faccio vedere io qual è la vera poesia.."

Era traslucido il Vecchio mentre lo diceva, aveva gli occhi spiritati, era oltre tutti gli altri.

"Lo Strike è la vera poesia! Eccomi, senti che vengo.. sto arrivando! Sono in preda alla palla... la palla mi possiede..." e così swoschhhh... tirò la prima. Sbagliò.

"Puttana. Puttana, maledetta palla puttana. Tu lavori al fegato Jack Kerouac e anche me!!"

Poi tirò la seconda e stavolta la palla si separò da lui al contrario mentre tirava indietro il braccio per caricare il colpo. A quel punto Caarlo, con sguardo omicida, urlò: "STRIKE!!!".

Poi invase il recinto sacro del parquet, si avviò lungo la corsia riservata alle palle, dritto verso la macchina, per abbattere tutti i birilli a calci.

Café Chinaski

San Giuliano Milanese Via C. Porta, 2 tel. 02/98241791
Chiuso il Mercoledì

Pall

L'affondamento del Cafè Cinaski

Era un disastro.

Le avevo provate tutte per risollevare le sorti di un locale che gestivo mio malgrado. Avevo riempito gli scaffali di libri – i miei preferiti –, avevo noleggiato un pianoforte, un Anelli-Cremona, di cui ancora oggi vado fiero visto che l'ho riscattato, mi ero inventato cucine alternative, commemorazioni, nuovi cocktail, facevo credito agli studenti... Avevo però sopravvalutato la realtà dell'Interland urbano: nessuno può insegnare la vita a un ragazzo di periferia. Ma più di ogni altra cosa avevo sottovalutato un'altra realtà, ben più importante: i sogni non attecchiscono sul perlinato di una ex pizzeria.

Ormai il Cafè Cinaski mi stava prosciugando.

Dopo aver dato fondo ai risparmi e dopo essermi stordito ogni notte, navigavo verso un porto di nebbia e sirene. La notte era il mio iceberg e a furia di cozzarci contro sentivo l'affondamento vicino. Ci sono momenti in cui vorresti essere da un'altra parte o addirittura essere un altro, ma è proprio in quei momenti che sei già da un'altra parte, sei già un altro, solo che non te ne rendi conto. Quello è il momento di fare il botto, l'uscita teatrale, lasciare con stile e non con rabbia.

Mi decisi.

Era una sera di febbraio del '96.

L'ultima serata del Cafè Cinaski si sarebbe chiamata "L'affondamento del Cinaski".

Invitai tutti gli amici che mi erano rimasti e i nuovi che avevo trovato. Sparsi la voce e la voce si sparse. Spesi tutto quello che mi rimaneva per riempire il locale di approvvigionamenti e luci e atmosfere.

Era un sabato. Fuori c'era uno strano preludio primaverile che non c'entrava assolutamente niente con il mio stato d'animo o forse sì. C'erano otto anni di storia da celebrare, otto anni di prigionia, di lotta per inventarsi il giorno dopo, otto lunghissimi anni di domiciliari.

Un momento bello, in questi otto anni, non c'era stato dentro al Cafè. Tutto era bello solo quando ne ero fuori. Mi ero addirittura inventato il viaggio per le cento città che ogni mercoledì di chiusura io e Mr Mall facevamo senza meta con partenza dal Cafè martedì notte e ritorno il giovedì, in mattinata. Era il mio modo, anzi il nostro modo, di affrancarci da ogni tipo di prigione, ognuno aveva la sua.

Le prigioni possono essere a cielo aperto. Forse era per questo che ogni volta che rincasavo, sull'uscio di casa percepivo sempre uno strano ma familiare odore di chiuso.

La gente cominciò ad arrivare numerosa, la voce si era sparsa proprio bene. Decisi di far pagare un ingresso: ventimila lire. Poteva sembrare uno sproposito, in fondo si trattava di una bettola di periferia. Pensarono la stessa cosa i primi avventori, ma quando spiegai loro che in realtà con quei venti sacchi potevano bere a oltranza qualsiasi cosa riuscivano a trovare nel locale e si poteva ordinare all'ingrosso, una luce pervase gli occhi dei primi e la notizia girò sino agli ultimi.

Il locale conteneva al massimo sessanta persone in piedi, ma continuavano ad arrivarne a frotte. Era un bivacco.

Una ragazza si avvicinò al bancone domandandomi sei chupiti di rum.

"Ma scusa," le dissi, "perché non ti prendi tutta la bottiglia e te la bevi con i tuoi amici?"

"Ma posso?"

"Certo che puoi, una volta pagato all'ingresso hai pagato per sempre."

"È piuttosto insolito," disse.

"Non c'è niente di insolito nelle sconfitte."

All'angolo del pianoforte si alternavano amici sotto la luce blu proiettata da due fari acquistati per l'occasione. Obici di vetro fluttuavano dal bancone al piano. Intanto io declamavo i miei primi versi pubblici. Ognuno aveva la sua da raccontare, i propri rancori da spendere mentre la malinconia faceva posto all'euforia.

La poesia di certi momenti faceva spazio agli eccessi gastrici.

Il bar si stava lentamente svuotando.

Vidi io stesso la creazione del cocktail dell'affondamento.

A un tavolo una coppia di amici stava miscelando Chianti e Jack Daniel's e alla mia domanda: "Ma non vi farà male?" la risposta fu: "Tanto siamo venuti in bici!".

Sentivo già un presagio d'odore di vomito, vino rancido e patate fritte.

Intanto, nei pressi del pianoforte, si continuava a produrre poesia e rabbia e quando Mr Mall disse: "Le cose gratuite sono quelle che costano di più, amici: costano lo sforzo di capire che costano di più," capimmo che era l'inizio della fine. Si arrivò persino alla lite. Un paio di fedelissimi del Cinaski inveirono contro tutta quella gente che in otto anni non avevano mai visto. Fossero venuti più spesso – accusavano – io non sarei stato costretto a chiudere. Non avevano capito nulla. Mi stavo liberando del mio incubo e forse lo sapevano e sapevano anche che non avrei voluto rivedere più nessuno per un bel po', che le mie sbronze avrei continuato a prenderle in solitaria senza complici. Avrei avuto una mira infallibile, la sbronza perfetta, io e i gatti seguendoci e inseguendoci, rimanendo in piedi solo per non aver scelto ancora da quale parte cadere. La mia solitudine riempiva il loro mondo e ora che li lasciavo soli non avrebbero più saputo dove portarlo.

Su di uno scaffale regnavano ormai in solitaria due magnum di Ramazzotti, una bottiglia di Strega e una di Galliano.

Il Cafè Cinaski era stato prosciugato. Era la mia rivincita.

I vicini si lamentavano del baccano, come facevano da anni anche quando ero da solo nel locale. La notte se ne stava andando, l'iceberg si stava sciogliendo. Qualcuno rideva di rimpianto e qualcuno già piangeva di nostalgia. Io ero ebbro di gioia. Le cose si ottengono quando non si desiderano più. *Oltranza* era la parola d'ordine e nessuno voleva andarsene neanche quando verso le cinque del mattino arrivò una pattuglia dei carabinieri – che mi conoscevano bene – e uno dei tre scese e venne verso l'ingresso, mi chiamò fuori e disse: "Signor Costantino, se va avanti così saremo costretti a farla chiudere".

"Mi dispiace," dissi io, "arrivate troppo tardi..."

Il Cafè Cinaski era affondato.

ROUND 14
Momenti di gloria

Mall

Festa a Valona

Insomma, nel giro di poco presi possesso del casamento. Avevo una grossa radio portatile e un vecchio disco di Benny Moré, il barbaro del ritmo. Ed ero soddisfatto della serata. E così nella stanza cominciai a bere birra chiara alla spina, e la bevevo con sete. Piano piano si andò intasando sempre più lo sgabuzzino, di conoscenti e non. Ma amici no. Di quelli non ce n'erano.

Io m'ero messo le scarpe bianche, africane, e questo solo fatto mi rendeva un essere nomade, donnaiolo e ballerino. Che tacchi! Che fibbia! Che comodità! Uh uh Pachito el Che!, Pachito el Che!..

In mezz'ora l'appartamento che faceva da camerino era diventato una festa a Valona. E poco dopo ne fui addirittura estromesso. Avevo dato un party, e mi avevano buttato fuori.

Doveva essere bbirra anfetaminica, perché la tirai avanti fino alle sette. Quantunque, oramai tutti si agitavano e giravano tra le stanze, e investivano di bbirra la gente coi bicchieri in mano. Il pavimento era appiccicoso, e pieno di vetri, e il tavolo era scomparso sotto la coltre di cicche e di Ceres.

Dato che ci dovevo dormire dentro, m'immaginai un

bel risveglio. Di quelli indimenticabili. Così, a furia di spaccare bicchieri, fummo costretti a trasferirci giù in tavernetta, nel bassofondo. Era disposto su tre piani, il Maltese, e la gente ci saliva e scendeva su e giù come formiche. Sul fondo il bar. Lì si era tenuto lo spettacolo, e lì si tornava. Verso il basso. Sempre verso il basso. Del resto eravamo tutti nello stesso lato dell'iceberg, quello della parte di sotto. Alla fine si cominciò a ballare Charlie Parker, ognuno come poteva...

Il Vecchio se ne era rimasto in disparte, su una sedia sotto un piccolo riflettore blu. Aveva l'aria triste, mi avvicinai e lui disse: "Sono furente! Da quando in qua!? In questo mondo pare che la fica valga di più del cazzo!" Si guardò in giro.. "Guarda, guarda..." e sparì tra le luci dei riflettori della festa.

Il mattino dopo scesi guadagnando l'uscita tra i vuoti di birra. Sul pavimento una stesa di cadaveri sparsi, riversata per terra. Li scansai ed andai fuori, al caffè della piazza. Il Vecchio era già là, vispo, pimpante!

"Stile, stile!" disse. "Lo stile si riconosce da cosa si ordina quando ci si alza. Guarda questi ubriaconi di provincia, questi boemi da strapazzo, non sanno nemmeno bere. Ordinano Mars e caffè!" Lui invece iniziò con un marsala all'uovo e un bicchiere di Bio Presto.

Uscimmo. Era una mattina ruggente, percossa dal vento freddo. Per le strade del paese non c'era un'anima.

"Lo vedi," ruggiva il Vecchio, "nessuno occupa più le strade. Nessuno le cammina."

Il vento continuava a spazzare il vialone deserto. Ci mettemmo in macchina. Più avanti, aggrappati sul bordo, come paletti nei loro vestiti stazzonati vedemmo tre albanesi. Erano orfani di tutto. Non prendevano possesso nemmeno della strada che calpestavano. Ci si aggrappavano come segnali stradali. Si tenevano le mani strette nel giacchino attillato e se ne stavano lì con le facce arancioni, e i capelli color ruggine, senza mischiarsi, come l'acqua non si mischia con l'olio...

"Mi sa che sono i soli a farsela con la strada! Gliela lasceranno del tutto, tranne me..."

Continuammo, scollinando di bolina..

L'azzurro si estendeva senza scampo. Era una luce che spogliava tutto, che lascia senza riparo.

Il bel tempo del Nord. Il cielo soffiato, che è bello quando è bello!

Ritrovammo la ragazza nel bar. Era la Tigre di Acqui. Così l'avevamo chiamata, ma poi Caarlo cambiò idea. La guardò alla luce del giorno, le sorrise e le diede un nuovo nome.

"Aurora," le disse, "ti chiamerò Aurora! Che buon profumo hai, Aurora!"

Lei disse: "Si sente ancora?".

Lui le annusò il collo. "È un profumo che sa di legno, di casa. Di una bella casa."

Poi allargò le braccia al cielo azzurro, in un impeto di felicità. "L'avete vista? È una strisciata d'aereo, una frenata nel cielo. Quando ne vedi una, è qualcuno che ti sta pensando! Nell'Interland le nuvole non attecchiscono, ma le frenate sì. Devo avere un poco di sangue nobile nelle vene, perché in questi giorni mi sento un re! Ed ora se mi offrite il pranzo vi spiegherò perché..."

Ci andammo a sistemare in un ristorante all'aperto. Nella sala dentro si festeggiava un matrimonio.

"Ecco come andarono le cose. La mia povera bisnonna, buonanima, era la baronessina Acciardi, che si innamorò di un tale Costantino, un popolano, un Carlo Costantino qualunque. La famiglia della baronessina, contraria alla loro frequentazione, la ripudiò, dopo aver appreso che da quell'unione stava per nascere un bambino. Si sarebbe chiamato come me. Vincenzo Costantino, mio nonno. Molti anni dopo una delegazione composta da bisnonna, nonno e mio padre ancora bambino si presentò presso i baroni Acciardi chiedendo un aiuto e un riconoscimento che solo verbalmente gli fu concesso. Riconoscevano la nostra nobiltà, ma non l'appartenenza. L'unica proposta che ci fecero riguardò mio padre. 'Lasciatelo qua, il signorino. Lo cresceremo con le dovute cure e attenzioni. Ne faremo un perfetto baroncino.' E lì lo lasciarono. Per una settimana intera egli fu il baroncino Giovanni Carlo Costantino Acciardi e si procurò una cicatrice sul polpaccio destro cadendo da cavallo – una cicatrice che ostentò per tutta la vita come uno stemma nobiliare. Ma poi prese la fuga, tornò dalla zia. Il richiamo del sangue rosso era più forte del richiamo del sangue blu. Quel signorino divenne un uomo e conquistò la sua nobiltà praticando mille mestieri. Fu venditore di sigarette sfuse. Spacciò le Serraglio, le Astor, le Petit, davanti al Ragno D'oro, fu poi camiciaio e venditore ambulante e ballerino e altro ancora fino a che approdò al suo talento naturale: la muratura.

"Lavorava in economia. Si faceva pagare a opera, e non a ore. A me insegnò il segreto della manovalanza: ricordati che non sei tu che porti i secchi, ma fai che i secchi portano a te. Insomma, quest'uomo era mio padre, dunque comprendete anche voi, lo posso dire.. avete di fronte a voi del sangue nobile!.. un figlio dell'amore.."

Da dietro intanto s'intrecciavano le richieste di "Bacio! Bacio!" e gli aerei continuavano a lasciare grandi frenate nel cielo. Brindò un'altra volta, il Vecchio.. "Alla monarchia! Voi amate il Re? Io di certo. Sono barone. Che ci pensi lui!"

La Tigre si beveva tutto. Del resto noi siamo ospiti, siamo meteore e le meteore passano di rado, per cui meglio godersi lo spettacolo, tanto poi si disintegrano da sole.

Riprendemmo la strada. L'Imperiale saliva e scendeva, scollinava in curve e rilievi. Erano le colline della battaglia di Alba. "È più dignitoso scendere che salire," diceva Caarlo, "anche se ci fanno credere il contrario. Sì, perché ci contaminano. Riducono la nostra dignità ad euforia." La gita proseguì con la visita al seminarista, al poeta della collina e nella gimcana ambulante.

"Il Piemonte è così, tutto glutei e curve, ma non ha il seno.. per questo non nutre..." affermava Caarlo.

Poi venne il decadimento della sbornia pomeridiana.. il pomeriggio vasto e senza indicazioni ci prese. Il sole batteva in ritirata. Infine mi svegliai nella casa colonica senza capire dove fossi e con chi. La Tigre se ne era andata. Di sotto si cantavano canzoni, una chitarra e cento illusioni. Mi arrivavano tra i giornaletti e le cianfrusaglie di quella soffitta estranea, momentaneo giaciglio ad argine del pomeriggio. Allora lo ebbi chiaro. Pensai alla giovinezza. Ad altri festini, quando ancora facevo la scuola e la notte appariva magnifica e misteriosa. Ed eppure era passata e così sarebbe passata la vita. Però ora mi rendevo conto che non sarebbe andata diversamente da come l'avevo conosciuta fino ad allora, la vita. Il cerchio s'inizia a stringere e si capisce che non se ne uscirà più da questo Eternit e dalle canzoni cantate male. Che non avrei trovato altra terra insomma, e il tempo non mi sarebbe bastato a impiegarlo come avrei voluto. Si smette di immaginare come si potrebbe essere e ci si rende conto di chi si è. Tornare all'orrore. L'orrore del non-ritorno.

"Ho voglia di tornare in città!" disse infine il Vecchio. Proprio adesso!! Quando ci arrivi, ci hai mai fatto caso? È come finirgli dentro. Le circonvallazioni sono le sue cosce, e tu ti ci infili proprio nel mezzo."

Eravamo di nuovo perduti nella notte, sotto gli alberghi appesi alle strade. E ancora il Vecchio rovesciava la sua euforia ai tombini.

"È spiacevole, ma c'è molto più gusto a essere cattivi, che a essere buoni. Questo fa una selezione naturale. L'odio è molto più sincero dell'amore.

Senti! Senti che nomi qui intorno. Ti riempiono la bocca! Dogliani, Barolo, Santo Stefano Belbo, Nizza, Canelli, Cassinasco.

Ah! Ma adesso è l'ora di tornarmene a casa. Nel girello!" disse. "Comme les enfants! Eh, ci vuole! Non si può essere maledetti nella vita senza avere nemmeno il conforto della casa. Ci vuole almeno un bavaglino, per quando ti viene il singhiozzo, no? Non sono certo il primo a pensarla così... del resto.

Il caso di Jack Kerouac è noto a tutti quanti. Aveva una zia e aveva piacere di tornarci e farsi accudire.

Sapeva come funziona, l'aveva capito per bene. Ed ora, è inutile che la gente storca il naso, perché non ci hanno capito niente sennò... e lo stesso Arturo Rimbaud, tornava anche lui... dalla mamma e dalla sorella.. sicuro! E quella se ne prendeva cura e non aspettava altro... ed era Rimbaud... e Cornell Woolrich, allora, l'inventore del noir? Si può dire che visse soltanto di quello. Ne morì addirittura.

E gli esempi si sprecano! Perché non si tratta di tornare dalla mamma, ma di tornare a casa. Da chi ti vuole bene. Dimmi, ti vogliono bene forse i portieri degli alberghi? O i benzinai, o i padroni dei bar, o i padroni delle fabbriche, o le mignotte, o le ragazze pulite nei loro abiti di percalle? Le anime inquiete, si sa, affascinano. Tutti si godono lo spettacolo volentieri, ma nessuno se le vuole ritrovare per casa!

"Quando poi, alla fine, ne hai fatto proprio un bel pieno di tutto questo pus, e di questo veleno e di questa strada.. devi tornare... e curarti... cane ciondolante, senza medaglie! Ah sì! Sono nato figlio e preferisco continuare a essere figlio. A fare il padre non ne ho vocazione."

Prendemmo ancora una birra a un chiosco, sotto un lampione. Non la smetteva proprio il Vecchio, lo ispirava la primavera, e non solo..

"Ah, la sbronza! Che bella la sbronza però! E non finisce! Quando ti sbronzi, che bellezza! Hai voglia di fare all'amore con tutto quello che incontri. Alberi, lampioni, gatti. Però, certo, se è una donna, è meglio! Sì, sì, voglio tornare a casa. Voglio fare l'amore con la donna che amo!"

Se ne sparì il Vecchio inghiottito dal soffio boracifero di una linea metropolitana. Io rimasi con le scarpe da ballerino. Facevano un bel rumore sul selciato vuoto, una cosa da non sentirsi soli. Del resto, di notte, gli aerei non lasciano frenate pneumatiche nel cielo..

Pall

Kerouac

Girano danzano
come libellule
Appesantite dal sangue
dell'indio sorridente
La libertà di parola è raggiunta
Ora occorre
qualcosa da dire
Il tuo nome risuona
come mille campane
Forse è giunta l'ora
di dedicarsi seriamente
alla vita.
"Lavoralo, lavoralo al fegato puttana!"
Il risveglio è sempre una delle più grandi sconfitte.

Barone Rosso

"Vado a prendere l'apribottiglie," disse Nic.

Mr Dum urlava alla vita: "Voglio sborrare! Voglio sborrare!".

Si meritava un po' di fortuna dopo una notte come quella. Aveva perso i pantaloni, le mutande, un lavoro e non aveva risolto nulla, men che meno i suoi problemi di cuore.

Nic uscì dalla cucina, attraversò il soggiorno e stappò una bottiglia di Barone Rosso – un nome che evoca ardimento, audacia, eroismo.

"Com'è andata la lettura?" domandò Nic.

"Bene, ma non mi fido di chi ascolta le mie letture e non mi manda a fare in culo.."

"Sei il solito codardo, schizofrenico, nichilista e per di più sei sbronzo."

Spensi la musica.

"Grazie, Nic, ti manderò una copia del libro quando uscirà. Spero ti piaccia."

"Credi di risolvere qualcosa a fare così. Hai solo perso tempo. Più tempo del dovuto. E continuerai a perderne, perché sei un codardo. Hai talento ma sei un codardo."

Mi sedetti sulla poltrona.

Reclinai il capo e chiusi gli occhi.

Il mondo sembrava più bello ad occhi chiusi. Gli occhi aperti sono solo sogni perduti.

Lo dipingevo come piaceva a me, il mondo, come un vecchio film in bianco e nero.

Rivedevo le scene della mia infanzia e riassaporavo il sapore della mia nobiltà perduta.

Perduta per amore, quando ai primi del Novecento, mia bisnonna Elisabetta, baronessina di Catanzaro, venne ripudiata per essersi innamorata di un presunto malavitoso che forse aveva partecipato all'omicidio di Joe Petrosino.

Riascoltavo i racconti di mio padre e mi sentivo un barone.

Il barone Vincenzo Costantino Cinaski.

Sognavo il suono di una tromba in riva al mare, la luce di una sigaretta all'alba, il mercato del pesce, le bancarelle dei torroni e l'odore di nafta delle barche in ritorno dalla pesca.

Riaprii gli occhi. Nic era seduto in terra e mi guardava attraverso il bicchiere. Sorrideva.

Sorrideva come chi aveva capito il segreto.

Il segreto della vita. Non perdere mai tempo.

"Buono questo vino... cos'è?" domandai.

"Barone Rosso..."

"Buono... ardito, audace, eroico..."

Mi sentivo ardito, audace, eroico.

Mr Dum si era addormentato sul divano a pancia sotto e con la gamba sinistra a penzoloni. Ogni tanto mugolava i suoi sogni. Si meritava un po' di fortuna dopo tutto.

Nic raccolse la gamba di Mr Dum e la posò sul divano con molta cura, poi si avvicinò a me e disse: "Sai una cosa... potresti essere un grande poeta ma non hai abbastanza coraggio".

"Dammi un po' di vino e vediamo se stanotte riesco a trovarlo."

All'alba me ne andai in silenzio.

Il silenzio.

L'unica voce sincera.

Statua di Bastet

Mall

Felino, nato per lasciar perdere

"Io devo avere delle origini egizie!" disse Caarlo... perché tra le divinità c'era il dio gatto. "Vedi, già nell'accostarlo a Dio si rivela il carattere divino della felinità, se a Dio associ un cane, già lo bestemmi. E poi, nell'impero egizio hai mai visto cani che passeggiavano?"

"Perché, tu c'eri, Vecchio?"

"Lasciamo perdere.. ma prendi la sfinge per esempio, ha il corpo di gatto e il volto del faraone, forse il gatto stesso è il faraone. Da allora se ne sta lì nei millenni, immobile, con le zampe distese in avanti, regale, felina... ogni cinquemila anni fa una strizzata d'occhio e poi lascia perdere. Non insiste. È felina, infatti. Nata per lasciar perdere."

Sono ricco

Due labbra
Carnose come le mie domande
Due occhi
Vividi come i miei passi
Una voce
Argentina come il mio portafogli
Due seni
Tangenti la mia rabbia
Due glutei
Sodi come l'acqua di fontana
Un sorriso
Dolce come la mia prima sbronza
Due gambe
Brevi come il mio primo turbamento
Due mani
Carezze pesanti come lacrime
Due mesi
Tutto il mio patrimonio
Un ricordo
Prezioso come solo un ricordo può
Che mi rende ricco
Miseramente ricco.

Fuori dal mondo

La finestra di casa mia
produce colori
affreschi di solitudine
uomini grassi che passeggiano con il loro cane
donne frettolose dal passo rassegnato
piccoli che giocano già grandi

La finestra di casa mia
è quasi sempre chiusa
sorride piangendo
calzini appesi ad un lavabo
mutande sporche dentro un cesto
scarpe sparse
e la radio che canta le solite canzoni

La finestra di casa mia
non ha i coglioni
per vedere oltre
la nebbia che spaventa
la neve che si posa
fuori dal mondo.

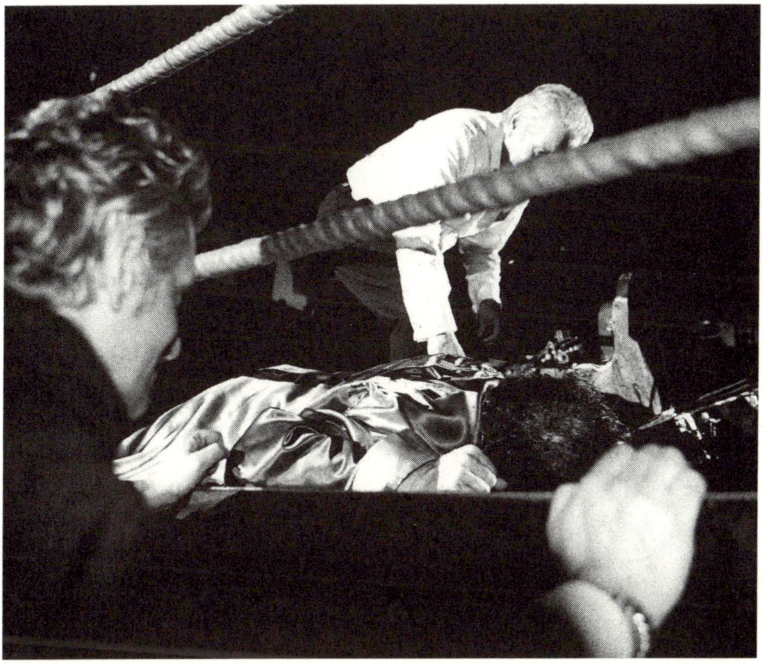

Break
Down

Mall

Imprevisti

Era un pomeriggio di primavera. Assolato, scintillante. L'aria trasparente, le foglie nuove luccicavano sui viali. La città era vuota, le strade libere. Irreali. Le automobili abbandonate. I bar chiusi sotto i palazzi sontuosi. Parcheggiai senza difficoltà. Solo due barboni seduti bevevano Tavernello in cartone. Percorsi la via senza incontrare nessuno. Entrai nel cortile. L'officina del meccanico serrata. Salii le scale fino all'ultimo piano. Entrai dal cancelletto che dava al ballatoio. Era un corridoio stretto, con minuscoli appartamenti ricavati nei sottotetti. Mi avvicinai alla porta. Bussai debolmente. Tutto lo stabile era in silenzio, però tirava vento. Rimasi in attesa. Nessuna risposta. Origliai alla porta. Piano piano tutto concorreva a fare rumore. La gronda tintinnava, lo scaldabagno che staccava e attaccava. Accostai ancora di più l'orecchio alla porta. Tra i rumori del tetto piano piano si materializzò il rumore del fiato di lei. Il sussulto e poi i colpi regolari e il rumore del letto pensile che sbatteva contro il muro.

Non avevo più fiato in corpo, mi si asciugò la bocca. Non riuscivo a staccarmi da lì. Finché non distinsi più niente, tanto era forte il pulsare del mio cuore nelle orecchie. I colpi adesso erano più forti, si sentivano per tutto il palazzo, e non smettevano.

Suonai il campanello, bussai, volevo fermarli. I rumori continuavano. Lei gemeva spingendo, aggrappandosi al ferro, facendo leva sul muro. Lo sapevo io, come faceva. Non aprì nessuno. Non volevano interrompersi sul più bello, così continuavano, cercando di fare meno rumore, ma continuavano. Non riuscii più a stare fermo. Mi morsi un braccio, mi venne pure duro. Cristo! Mi si strappavano le budella. Bussai ancora. La chiamai per nome, e lei copulava lì dentro e continuava a farlo. Gli sarebbe venuto addosso. Merda. Raccolsi le forze e feci per andarmene. Volevo andare a chiamare i pompieri, almeno avrebbero smesso. Chiamerò il 113. Fermateli. Fottono e fanno rumore. Non va bene! Ci sono bambini nel palazzo! È Pasqua! Non si può! È peccato! Ero arrivato al cancelletto quando la porta si aprì. Lei si affacciò con la faccia tutta stravolta dal sonno. Gli occhi semichiusi, il volto rigato dal cuscino. Lasciò la porta aperta e tornò a sdraiarsi sul divano. Mi avvicinai. Mi diede una carezza, disse piano: “Non ti ho sentito, stavo dormendo”.

Richiusi la porta. Mi sdraiai anch’io. C’erano un sacco di rumori in quel cazzo di abbaino.

Pall

La fine della mia Volks

L'aria sapeva di vino, caglio e qualcosa di simile alla canfora. Benzina arrivò puntuale. Era un cattivo presagio. Dovevamo incontrarci per decidere la sorte della mia vecchia auto, la fine della corsa o il prolungamento di un'agonia: la mia! Benzina fece due giri intorno all'auto, poi si strofinò le dita della mano destra tra il mento e il labbro inferiore:

"Non ti sembra di avere esagerato un poco?".

"Perché? Allora si può salvare?"

"No."

"Allora che significa? In cosa avrei esagerato?"

"La vedi? Il baule da emigrante, i sedili languidi e offesi, i vetri anarchici, le gomme rassegnate e il motore che canta italoamericano. Quest'auto non ha più classe, è finita!"

Mi tornarono in mente le folate di asfalto, le notti intrise di blu da cui nasceva la ribellione di quei sedili, il disprezzo di quei vetri mentre raccoglievano gli sputi del mondo e la rassegnazione nostra, mia e della mia vecchia, mentre camminavamo in preda alla paura.

Ma quale classe e classe!

La classe non è stile! Quello era stile, l'unica risposta a tutto.

In un sussulto di nostalgia mi venne da piangere, ma il magone si spezzò in una grande risata, una risata a credito.

"D'accordo, allora che devo fare?"

"Fagli due carezze, le ultime, e poi sopprimila!"

"Non voglio farla soffrire!"

"Ma vaffanculo, Cinaski, andiamo a bere!"

Andammo a bere e l'aria sapeva di vino, caglio e qualcosa di simile alla benzina.

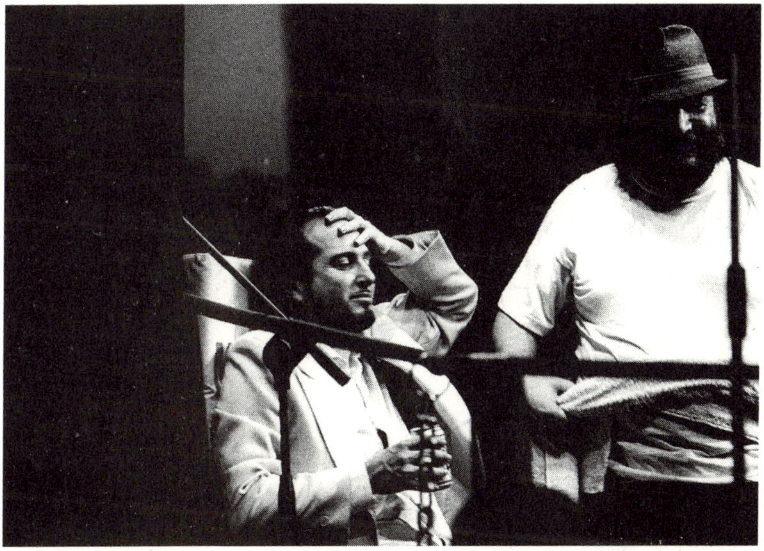

ROUND 15
All'angolo

Mall

Buona Pasqua

Mi ero svegliato per l'agitazione. Sentivo la polvere della stanza anche in bocca. L'assurdità e l'orrore del domicilio, e Cinaski che russava compiaciuto sul divano. Se n'era rimasto lì il gattone, visto che la Volks aveva sboffato vapore come un tombino in mezzo alla strada e lui l'aveva data per spacciata. Ma per quella era stato solo un colpo di tosse. Mezzi non ce n'erano, ed era la notte prima di Pasqua. Io avevo cercato di dormire, quando era arrivato il sonno, dato che avevo l'appuntamento in mattinata. Erano soltanto le cinque e mezzo e mi iniziarono a venire i pensieri, le faunie, gli strisimi, come li chiama Vito. Ma non bisogna covarli troppo i malumori nel letto. Alle sette il Vecchio sbadigliò e si attrezzò per uscire. Lo trattenni per farci due chiacchiere. Disse lui, che era più tecnico, di chiamarla, che oramai era mattina e a lei piace uscire presto. Però più ci pensavo e meno avevo voglia di mettermi a fare pulizie e lavori. Infine chiamai. Mi diede subito ai nervi, poi disse che veniva e io nello zelo mi offrii di andarla a prelevare in vettore per le dieci. Erano soltanto le otto. C'era tutto il tempo. Ma non andai.

"Telefoniamo piuttosto," disse il Vecchio, "forza, facciamoci un giro di auguri di buona Pasqua." "D'accordo," dissi io. "Dunque chiamiamo laggiù a San Gregorio." E il telefono arrivò fino alla casa di sassi. Alla stanza circolare attorno al camino rotondo, alle frescure del mattino, tra l'aria profumata e gli olivi di Montecaddini. Il telefono suonò mentre Ada era già in piedi da tre ore e il merlo indiano da sotto il portico, tra le amache, la chiamava: "Ada, Ada...", e i figli maschi s'erano alzati dalla loro camera da militari coi tre letti ammucchiati da cui sporgevano i piedi, tanto la notte quanto il primo pomeriggio, quando d'estate le cicale a elettrodo iniziano a lavorare nella calura.

Allora Ada venne e disse: "Disonesto.. a quest'ora ti presenti? Che ti scordasti la strada di casa mia? Va' a banne va.." e dopo i rimproveri iniziarono i gridolini di festa e alla cornetta sfilò tutta la processione dei fratelli Lia, nella frescura del mattino, che il mare gli sollevava presto dalla coperta della notte, laggiù sulla terra rossa. Le loro voci arrivavano fino a lì, nella stanza vuota, mentre io e il Vecchio ce le palleggiavamo alla cornetta. Arrivavano fino alla polvere delle prime notti dello Scantinato. Al deserto della mattina, alle vie solcate di binari di tram della città abbandonata. Nel cortile vuoto della scuola, solo le nostre chiacchiere echeggiavano appese al telefono nella mattina di Pasqua. E le chiacchiere chiamarono altre chiacchiere e gli auguri altre voci lontane. E tutte queste voci sorprese nel sorgere del sole sul giorno di festa chiamavano al viaggio, a prendere la prima brezza di primavera, e già scaldavamo i motori io e il Vecchio, nell'adrenalina del mattino, che tutto fa sembrare raggiungibile. Già veniva da dire isterici: "Andiamo, andiamo!". E intanto però le dieci erano già passate e io non ero andato da nessuna parte.

E così l'aria di festa dovette finire. Cina si avviò verso la sua Interland, e io restai ad aspettare la nube che sentivo addensarsi nell'aria tersa sulle campane.

Arrivò in bicicletta da corsa. Valutò il portone dove mi accingevo a insediarmi. Sollevò il velocipede sui gradini ed entrò con quello nel corridoio di pianoterra, che a quel piano si trovava lo Scantinato, a livello del suolo. Le stanze avevano ancora la moquette sporca e le tracce e gli odori delle esistenze precedenti. Ci avevo portato dentro solo quello che c'era stato nello Scania – la Volvo Imperiale d'ordinanza – in una mattinata di sole, abbandonando una volta di più le colline perdute. Tra quelle poche cose, già clandestine nella casa arredata, c'era un quadro-collage fatto dalle manine della Bomba. Era composto da ritagli di foto e illustrazioni. Mr Dum con una maglietta a righe, da ape, due o tre sordidi personaggi delle vignette di Vuillemin, la storiella di Bob, e quella dei cinque franchi, e poi un ritaglio di me, e anche uno di Cina, e insomma la Ghenga colta in flagrante, in tutta la sua fetidicizia. Lei valutò l'opera, che era collocata soltanto all'inizio del corridoio, e senza nemmeno procedere nella visita degli appartamenti che dovevano porre fine alla mia latitanza, cambiò immediatamente idea, e abbandonò ogni proposito che la riguardasse in quel luogo. Sollevò l'asciutto telaio da corsa, lo girò e prese la direzione della porta, ancora aperta, dalla quale era entrata. Io mi precipitai a rincorrerla, ma lei era già in sella nella strada vuota. Lo Scantinato dava proprio di fronte ad un'imponente caserma di carabinieri, di quelle con la ronda di guardia. Il militare si trovò a passare vicino proprio mentre cercavo di trattenerla dal sellino..

"Ma dove vai..? Scendi, sono stanco di prenderle... aspetta... aspetta," ma intanto già prendeva velocità, e la guardia controllava la scena mentre attaccavo a correre scompostamente sul selciato e sui binari.. "ferma.. aspetta.." e quando ormai ogni speranza di presa era lasciata e la pedalata già affondava decisa non mi restò che dirglielo.. "Ma insomma... buona Pasqua... buona Pasqua." E già sentivo il livido, il vuoto che ne sarebbe venuto nascosto nell'innocente sole del mattino presto. Non durò molto.

Telefonai a Caarlo. Lo dissi a lui: "Buona Pasqua". Poi preparai il pranzo con tutte le cose che ancora c'erano in cucina, con i pacchetti che avevo acquistato il giorno prima al piccolo supermercato "da uomini in camicia da tabacchino", le lattine di birra edile, le fettine di pollo. Gli tolsi il cellophan. Liberai il lavandino e apparecchiai il pranzo di Pasqua. Mi preparavo alla presa di via generale Lamarmora. Di fuori continuava a non passare nessuno. Tutti, eccetto me, se ne stavano alla larga. Mangiai quella prima spesa di casa come i pani azzimi gli ebrei che nella festa di Pesach rinnovano l'uscita dall'Egitto. Per ricordarsi del sacrificio e delle piaghe, del passaggio dalla rassegnazione alla consapevolezza. Infine c'ero arrivato alla mia terra promessa. E da lì dentro non mi si sarebbe stanato facilmente.

Il giorno dopo io e Enso andammo a fare la spesa al market. Le cose indispensabili per installarsi.. le birre.. lo sturalavandini.. il Napisan... la candeggina... Comprai anche una camicia da tabacchino, a quadrettini, col taschino all'altezza del cuore, e un paio di pantaloni. "Col cavallo basso," suggerì Enso, "sono più comodi. A proposito, come si dirà in inglese?... Low Horse, forse? Bello! Sembra quasi un nome indiano. Dopo Cavallo Pazzo, Cavallo Basso. Crazy Horse, Low Horse! Mi chiamerò Low Horse. Chiamatemi Low Horse! Sarò il vostro Cavallo Basso."

Si fece sera. Uscimmo nella notte di primavera ad annusare il nuovo quartiere. Aveva quattro angoli, come un ring, e iniziammo a percorrerlo lungo tutte le sue corde.

"Bisogna camminarla, la strada, calpestare la notte per intero tra gli sconci palazzi. Lo vedi questo? Sembra un edificio dell'acquedotto, e invece è una sala da ballo: il Ragno D'oro, qui mio padre spacciava le sigarette sfuse, davanti al locale dove suonerà Compay Segundo e i suoi Muchachos," e indicava il manifesto sul muro. "E lo sai quanti anni ha Compay? Una novantina. Ah! E come lo chiama il gruppo? Y Sus Muchachos, i suoi ragazzi!" Così rideva Cinaski, a spasso sul quadrato delle vie del generale Lamarmora. E intanto aveva preso la notte per il giorno. "Come, sono già le otto di mattina!?" insisteva dopo essere stato disarcionato da una Moskovskaya con la stella sul collo.

"No, Vecchio, sono solo le otto di sera."

"E allora che cosa ci faccio ancora qui?" E se ne andò scomparendo tra le luci del traffico e della notte sul suo cavallo basso.

C'erano in giro diversi ristoranti spagnoli e le illuminazioni delle insegne splendevano rese più vivide dall'aria trasparente di primavera. Tirava un'aria internazionale, un'aria da capitali. Di sangria bevuta a Madrid, di pesce fresco sotto i porticati e le ringhiere dei conventillos di Buenos Aires. Di notti di tango a Parigi. Dappertutto bisogna andare quando c'è fame di andare, e non cappottarsi per l'eccesso della scelta. Se bisogna fare gli ospiti, bisogna fare gli ospiti internazionali, o starsene a casa. Ritirarsi. E questo è tutto.

Tornai dentro. Lo Scantinato era vuoto. Sul tavolo solo la macchina per scrivere elettrica. Di fianco, fuori in strada, una cartoleria con i nastri d'inchiostro adatto, cliniche geriatriche e la camionetta dei carabinieri. Dentro il giradischi, il collage della Bomba e me. Finalmente non ebbi più d'andare a bussare a nessuna porta. La clandestinità era finita. Ora riguardava soltanto me. Non c'era più nulla da nascondere. Tutto da scoprire. Ci sarei restato lì... in via generale Lamarmora, il mio campo di battaglia pieno di fantasmi, a spazzare via tutto. Ad arare la strada con i passi, a preparare il terreno, a fare il vuoto attorno, affinché la nuova stagione potesse arrivare. Da quei finestroni, da dove le foglie entrano con le folate del vento e i binari servono la partenza fino a davanti all'uscio, avrei imparato a sollevare il capo. A prendere il mattino a testa alta, a non essere più clandestino. Così attaccai la macchina per scrivere alla spina e lo spazzolino al chiodo. E mi preparai alla nuova stagione. Alle ciliegie rosse sulla stoffa di un vestito d'estate.

Pall

L'eroe

Non vedo l'ora di fare un atto di coraggio
ma ho paura
anche se un giorno attraverserò Corso Buenos Aires a piedi
o berrò birra in un ristorante indiano
e magari tornerò a casa a mezzanotte
e troverò una donna che sia vera
oppure chiarirò le stelle con un falso pennello
e ricorderò le tracce lasciate dalla Seicento di mio nonno
e forse farò l'amore cinque volte al giorno
e finalmente in due
sì! Non vedo l'ora di fare un atto di coraggio
ma ho paura di diventare un eroe
e poi dover salvare le balene
le foche e tappare ogni tipo di buco
andare per mari e monti razzolando bene
anche se un giorno lancerò le mie mutande usate dalla finestra
sperando che cadano in testa a qualcuno
e mi piegherò in due
cagando sangue in un monolocale marrone
e magari giocherò a carte le mie speranze

dando a qualcuno un motivo per fischiare
Vorrei innamorarmi di un pulcino
e avere una figlia
per regalarle un paio di scarpe col tacco
Vorrei mangiare la neve con le dita
Vorrei essere nato prima
Vorrei fare un atto di coraggio
ma... sono ancora vivo.

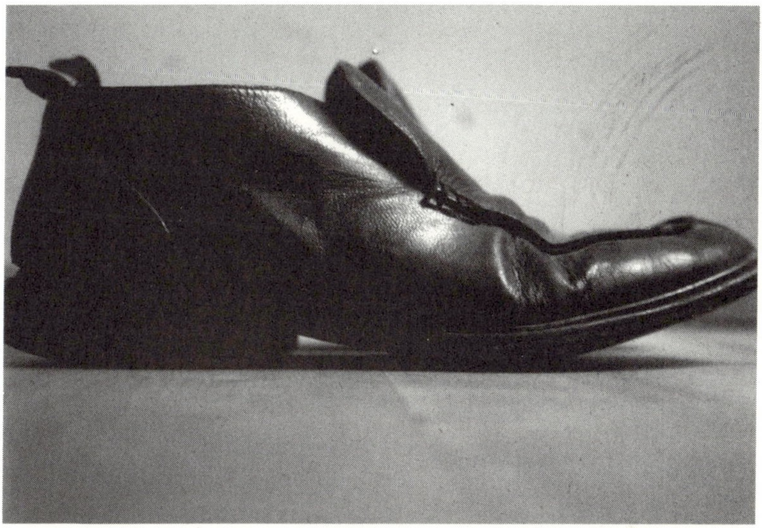

ROUND MIDNIGHT
Poems

Mall

Bicchieri pieni di cenere

Apri la porta
e non c'è più nessuno
non hanno lasciato biglietti.
Ciàina implorava con occhi molli
non voleva che nessuno andasse a casa
fatto di cognac
benediceva con una bottiglia rotta
di Ultima Rivoluzione.
Calvados e camperos,
il gaucho della pampa!
Adesso i novellini della scuola
urlano come scannati
il cortile da calcio è un manicomio,
dammi una sigaretta
dammi mille lire...
Il demonio non se li prende gli sciocchi
li lascia andare.
Ho una suite malearredata
e i bicchieri pieni di cenere
sono stato tre giorni senza alzarmi
sepolto senza mancanze
ora me ne voglio andare in giro

e non parlare a nessuno.
Mi hai cacciato di casa
mentre mi confessavo.
Nella strada livida,
lì devi stare!
In un ristorante indiano
con un corvo cinese
erano più ospitali
così lì ho consumato la mia paga.
Il mondo si accanisce
riparano strade in continuazione
io resto fermo.
Lucignolo ce lo disse
di venire via con roba da poco
e fare in fretta
ottocento chilometri
e niente perla in fondo
Marinai a spasso nel porto di Taranto
solo marinai e soldati
ai telefoni occupati.

Elogio del mal di testa

È perché mi piace svegliarmi col mal di testa
Rintronato,
come con la febbre addosso
con le ossa come se mi fosse passato un camion sopra
marcito nel letto, impastato di sogni
e rumori che ci entrano dentro.
Mi piace essere intossicato
avere le due lineette di febbre
e sempre un poco sudaticcio
col buco nello stomaco
digiuno
e restarci
e bermene un altro per fare passare tutto.
L'aria pulita,
l'aria sana, mi fa pensare solo a delle stronzate
alle bollette, alla spesa, agli agenti immobiliari.
Mi mette l'adrenalina l'attività,
mi fa cercare impegni,
e mi porta a trovarmi per le strade
a prendere treni,
a fare telefonate
ad essere cortese, tollerante e colpevole.
A perdere il tempo
impiegandolo.

Ma quando me lo curo per bene il mio mal di testa
è molto più difficile che porti le mie ossa in giro.
Non mi si trova mica a me.
Il telefono lo stacco
e mantengo la posizione.
Nella penombra della stanza chiusa.
Allora sì che i pensieri mi iniziano a venire
uno alla volta
affiorano, gorgogliano visioni.
L'intimità!
Pensieri in intimità,
da non volere più smettere.
E così mi lascio stare.
Divento riservato e cattivo,
brutto e sincero.
Ah sì! Il dopo è anche meglio della sbornia.
Fa terra bruciata intorno
e le sterpaglie
sono sempre quelle che bruciano meglio

Una stanza senza amore

Adesso sono davanti ad una ferrovia verde scuro,
come piombo
color dell'autunno
e c'è un carico di legnami
in un paese di confine.
Il tempo è scuro
e le nuvole si addensano sulle cime
come fosse un Olimpo.
Nuvole basse e vapori
dirupi d'acqua
una pioggia fatta a spilli
e schiuma sulla strada.
Silenzio in giro
solo il passaggio di grossi camion
per l'estero.
L'aria color del piombo
è fresca e pesante.
Non voglio ascoltare dischi nuovi
ho già fatto abbastanza fatica
a rinunciare ai miei.
Ai miei amici, ai miei parenti, alla mia famiglia
al mio locale, alla mia donna.
Non voglio dischi nuovi
Non voglio abituarmici

Divento un idiota in un momento.
Meglio non si sappia in giro.
Statemi alla larga
eviteremo delusioni

E adesso sono tornato.
Mi hanno aspettato le zanzare
Ce n'è una bella combriccola
in una stanza senza amore..
Anche vermetti trovo.
piccoli arancioni, appena nati su un tovagliolo.
Sto diventando come Brigitte Bardot.
me la faccio soltanto con gli animali.
Graziosi,
li scafaccio con una mano su un foglio
e non sono ai tropici,
sono in una stanza senza amore.

Pall

Sera di pioggia

Quando poi avrò smesso di camminare
e poi avrò tempo di coltivare
la rabbia e la gioia
Quando poi sentirò odori e sapori
confusi nella sabbia
guarderò le mie scarpe e le mie ferite
urlerò ai lampioni
mi innamorerò dei taxi e dei taxisti
Quando poi giocherò a scacchi con le molliche di pane
e giocherò con il resto del mondo
a chemin de fer
ed i pugni si chiuderanno e si apriranno
come per segnalare che sono
ancora vivo
Quando poi i cavalli
saranno bianchi e verdi
e l'alba ed il tramonto
si stringeranno finalmente la mano
e le discese non saranno più risalite
Quando poi la gente senza amore
sarà sepolta dai debiti
Quando io sarò nella mia stanza

sognando mio padre e mio figlio e
tutto quello che non c'è
Lei entrerà come un sogno
vestita di blu
e come una carezza di miele dirà:
"Ciao... sono qui".

È bellissimo

È bellissimo.
Guardare fuori mentre piove.
Piovono pugni dal cielo e lacrime sudate
tutti fuggono cercando riparo
Molti riparano nella fuga.
La ragione si dà ai pazzi forse perché hanno ragione
Il mio torto è il buonumore
Non riesco ad alzarmi dal letto senza cantare
Non riesco ad uscire di casa senza sorridere
Mi piace pensare positivo
Sorseggiare una birra fresca
Guardare indietro e vedere il futuro
Sentirmi un evaso all'ora dell'aperitivo.
È bellissimo.
Andare a dormire
mentre la città si sveglia.
Le valigie sono piene di sogni
i treni pieni di rassegnazione.
Il mio torto è la ragione
e la ragione mi dice di seguire l'istinto.
Non riesco ad alzarmi dal letto senza di te
Non riesco ad uscire di casa senza tornarci
Fuori continua a piovere mentre il cielo schiarisce
Ed è bellissimo.

Il peso delle parole

L'intelletto mi disgusta.
Solo l'intelligenza mi affascina.
E la rabbia
che si colora da sola
E la malinconia che mi masturba.
Se oggi ho visto il tram del desiderio
Se le ali si sono spezzate sotto i denti
Se i sorrisi si spiegano e non volano
Se Che Guevara ha fatto la rivoluzione
perché io non posso fare scopa!
L'intelletto mi fa schifo
L'intelligenza è l'unica fonte di vita
Anche quando fuori
c'è odore di chiuso
e quando dentro
c'è odore di santità
io mi fermo a guardare il soffitto
gli occhi di mia madre
il mio portafogli vuoto
e penso...
Non è poi così male essere Cinaski!

Mall

A Mr Pall

Un uomo

Questa ragazza era pure riuscita a trovarmi,
ed era pazza.
Disse fra l'altro:
"Vorrei avere il coraggio di uccidermi"
sedeva su un divano gonfiabile
parlava soltanto di se stessa
di come fosse divorata di se stessa
di come detestasse tutto
e niente riuscisse a raggiungerla
mentre le candele si consumavano nella notte
di nascosto alla primavera..
le dissi:
"Bisognerebbe che trovassi un uomo
Però un uomo grosso, con una grossa pancia
E con una camicia chiara..
Che ti portasse al supermercato
Con un cestino piccolo
Tra le file e le distese di barattoli

A comprare vino, birra, salami
e detersivo."
"Perché proprio un uomo?"

A volte gli uomini grossi
Queste cose le sanno fare
Perché sono come bussole
Nell'afa del pomeriggio.

Pall

A Mr Mall

La memoria è assenza di fantasia.
Tutto quello che si ricorda, tutto quello che si vive ogni
giorno uccide l'immaginazione.
I ricordi sono meravigliosamente tuoi
nessuno li può inventare.
Li puoi rivivere ogni volta come fosse la prima
e allora viene stimolata la fantasia
solo allora
li puoi rendere nuovi
e quando li esponi
ti esponi
e comprendi la tua pena
che per vocazione poetica non puoi avere che un pubblico
e invece
cercavi dei complici.

LANCIO DELL'ASCIUGAMANO (AL LETTORE)

Gettare la spugna

Lo capii dalla discrezione con la quale non disse dove andava e dalla cura che ci metteva per andarci, che si trattava di qualcosa di serio. Doveva essere una donna. Certo era già accaduto che avesse provato a mettersi d'impegno in una sua passione, ma la scelta era stata infelice e io la avversai da subito. Avevo la sensazione che gli avrebbe fatto del male. E quando una notte, dopo un concerto dei Cubanos Postizos all'Honky Tonk, la vidi sfrecciare nervosa portandosi via Caarlo in balia del suo acceleratore e dei suoi sbalzi d'umore, mi augurai di non vederla più in sua compagnia, e non mi curai di nascondere i miei sentimenti.

E poi, tutte le altre avventure e sventure dell'eterno match col mistero delle donne, che sempre ci avevano messo alle corde.

Ma quei preparativi ispiravano rispetto, così quando qualche mese dopo si presentò l'occasione di incontrare finalmente Mrs Pall, io la riconobbi subito come tale, e mi comportai con cura.

Mi preoccupai di partire col piede giusto, perché presentivo che questo incontro sarebbe stato importante, e per una volta non ebbi nessuna intemperanza da scontare, nessuna macchia che m'impedisse anni dopo, accompagnandoli all'altare, di arrivare a rendere la seconda falsa testimonianza della mia vita.

Una sera quando tutte le biglie sembravano ormai andate al loro posto e i birilli erano stati abbattuti e rimessi in piedi, tornammo in questo ristorante, Rosy e Gabriele. È un posto che tiene aperta la cucina fino a tardi, ha una triste luce al neon, non ha la musica diffusa e a tanta perfezione aggiunge la divisa e l'aplomb dei camerieri. Girano tra i tavoli indossando una camicia bianca con un papillon nero, e quando si chinano per raccogliere l'ordinazione di una coppia, sembrano arbitri di un incontro di boxe, che mantengono l'ordine fra i due contendenti. Sono pronti a dividerli, o a favorirne l'abbraccio. Aumentano il senso di solitudine delle coppie rifugiate sotto quei neon silenziosi e il rivestimento a scacchi bianchi e rossi delle pareti. Fu mentre ordinavamo una pizza lì dentro, in quell'aria nostalgica da vecchi campioni, che fui assalito dalla vita e mi venne, tutto a un tratto, il terrore della spugna. Che la vita si stava richiudendo su di noi come il mare sui galeoni dei pirati, celando per sempre tutti i loro tesori, le rapine e le ruberie. Che la vita ci andava cancellando la faccia per opera di quella spugna, in cui Vito, mio padre, ha impersonificato l'idea del tempo.

Mi venne di chiedere una rivincita. Gettare via la spugna. Già una volta avevo sfidato il passato in forma di raccolta di canzoni, e proprio a Enzo avevo chiesto di stare al mio angolo. Ora potevo sfidarlo direttamente in una forma ben più consistente. Un vero peso massimo. Ce l'avevo davanti. Incarnava tutta la strada, tutti i marciapiedi fatti, tutte le parole inghiottite dall'altra parte della cornetta del telefono, dove va a finire la vita nelle sue confessioni. Era allenato ai colpi e col tempo si era fatto un grande incassatore. Aveva anzi incassato così tanto che mi venne da sfidarlo a vuotare il sacco, a rompere il salvadanaio.

Così lo sfidai e fui subito ricambiato, dato che il vecchio Enso, in fondo, non aspetta altro che essere sfidato. Sfidato in casa sua, poi! Convocammo subito una conferenza stampa. Venne Martin Firiosky e il presentatore Splendini. Ci ripresero mentre lo sbandieravamo al mondo. Alle operazioni di peso dichiarò: "Posso batterlo quando voglio, anche con una mano sola".

"È più grosso di me, è più brutto di me e andrà giù con un gran tonfo," dichiarai io.

Ci accordammo per un incontro sulle 15 riprese, per mandare tutta questa massa di vita al tappeto. A furia di colpi. Colpi in forma di poesia, di racconto e talvolta di canzone. Round che si sono fatti adesso capitoli di vita. Forse perché siamo ancora vivi, e quaggiù qualcuno ci ama.

Vinicio Capossela

D'accordissimo, Nic.

Vincenzo Costantino Cinaski

INDICE

15 *Operazioni di peso preliminari.*
S'incrociano i guantoni

19 *Round 1*
Colpi d'assaggio

29 *Round 2*
Assenze

41 *Round 3*
Pugni

53 *Round 4*
Ganci

61 *Round 5*
Strada

69 *Round 6*
Colpi bassi

81 *Round 7*
Slow jab

89 *Break*

93 *Round 8*
Autostima

109 *Round 9*
Laggiù qualcuno ci ama

131 *Round 10*
Colpi di sole

139 *Round 11*
Bum

153 *Round 12*
Corpo a corpo

165 *Round 13*
Rovesci

171 *Round 14*
Momenti di gloria

185 *Break*
Down

191 *Round 15*
All'angolo

201 *Round Midnight*
Poems

217 *Lancio dell'asciugamano (al lettore)*